Leuchten und Lichter

Sophie Hélène und Charlotte Vannier

Haupt

Leuchten und Lichter

50 originelle Beleuchtungsideen

Sophie Hélène und Charlotte Vannier
Fotografien von Régis Baudonnet

Haupt Verlag
Bern · Stuttgart · Wien

Vorwort

Ein Lüster fürs Esszimmer, eine Wandleuchte, um Licht in den dunklen Eingangsflur zu bringen, oder eine Nachttischlampe fürs Kinderzimmer … Wer schon einmal auf der Suche nach der «idealen» Beleuchtung war, die perfekt mit dem Einrichtungsstil harmoniert, weiß, dass sie ganz schönes Kopfzerbrechen bereiten kann. Dieses Buch wendet sich an all jene, die sich in Elektrotechnik für eine absolute «Null» halten und trotzdem gerne Leuchten nach eigenen Vorstellungen oder passend zum vorhandenen Ambiente kreieren möchten.

Unsere technischen Ratschläge, eine kurze Liste von üblicherweise im Elektrohandel erhältlichem Material sowie Schritt-für-Schritt-Anleitungen für die Leuchtenmontage (Wandleuchten, Hängeleuchten, Nachttischlampen, Lampenschirme, Lichtgirlanden usw.) werden Ihnen helfen, einfallsreiche Lampenunikate zu bauen. Wir schlagen Ihnen originelle Kreationen vor, die sich leicht nachbauen lassen. Doch trauen Sie sich ruhig, auf der Grundlage dieser Modelle auch eigene Leuchten zu kreieren.

Vom Schlafzimmer über das Wohnzimmer bis hin zum Garten liefern wir Ihnen eine Menge Lichtideen als i-Tüpfelchen für Ihre Inneneinrichtung – und einen Elektro-Crashkurs vorweg.

Elektrotechnik und Material

Was Sie beachten müssen

Maßeinheiten

Die wichtigsten Maßeinheiten der Elektrotechnik sind:

- Watt mit dem Zeichen W für die elektrische Leistung,
- Volt mit dem Zeichen V für die elektrische Spannung,
- Ampere mit dem Zeichen A für die elektrische Stromstärke.

Bevor es losgeht

Überprüfen Sie mit einem Phasenprüfer, ob die Stromleiter frei von Spannung sind.

Falls die Adern, die Sie abisolieren möchten, unter Spannung stehen, schalten Sie die Stromversorgung am Zähler oder die Sicherung im Hausverteilerkasten ab.

Achten Sie beim Abisolieren der Adern darauf, dass diese nicht verletzt werden. Außer an den Enden, die in die Anschlussklemmen in der Fassung gesteckt werden, dürfen die Kupferlitzen nicht zu sehen sein.

Hantieren Sie nicht mit Elektromaterial, wenn Ihre Hände nass sind.

Verwenden Sie für die Beleuchtung in feuchten Räumen ausschließlich Kunststofffassungen.

Achten Sie bei der Auswahl des Elektromaterials besonders darauf, dass Kabel, Fassung, Stecker und Schalter in Abhängigkeit von der für die Lichtquelle erforderlichen elektrischen Leistung und je nach dem Einsatzbereich der Installation die einzuhaltenden Normen erfüllen.

Sicherheitsregeln

Elektroinstallationen unterliegen einer ganzen Reihe von Vorschriften, deren Ziel der Schutz von Personen und Sachwerten ist. Voraussetzung ist die Verwendung von genormten Elektrokomponenten und deren Einsatz gemäß den Normen von VDE (Verband der Elektrotechnik Elektronik Informationstechnik e.V.), SEV (Verband für Elektro-, Energie- und Informationstechnik – electrosuisse) bzw. VEÖ (Verband der Elektrizitätsunternehmer Österreichs).

Für Leuchten ohne Metallgehäuse, die an eine Steckdose angeschlossen werden, verwendet man eine klassische zweiadrige Leitung, die keiner besonderen Hinweise bedarf.

Für die Verwendung von Elektromaterial im Feuchtraum wie im Bad gelten dagegen strenge Normen. Dies betrifft jedoch im Wesentlichen feste Elektroinstallationen. Hier soll lediglich darauf hingewiesen werden, dass eine Elektrokomponente von der Dusche oder Badewanne aus nicht erreichbar sein darf und ein Mindestabstand einzuhalten ist.

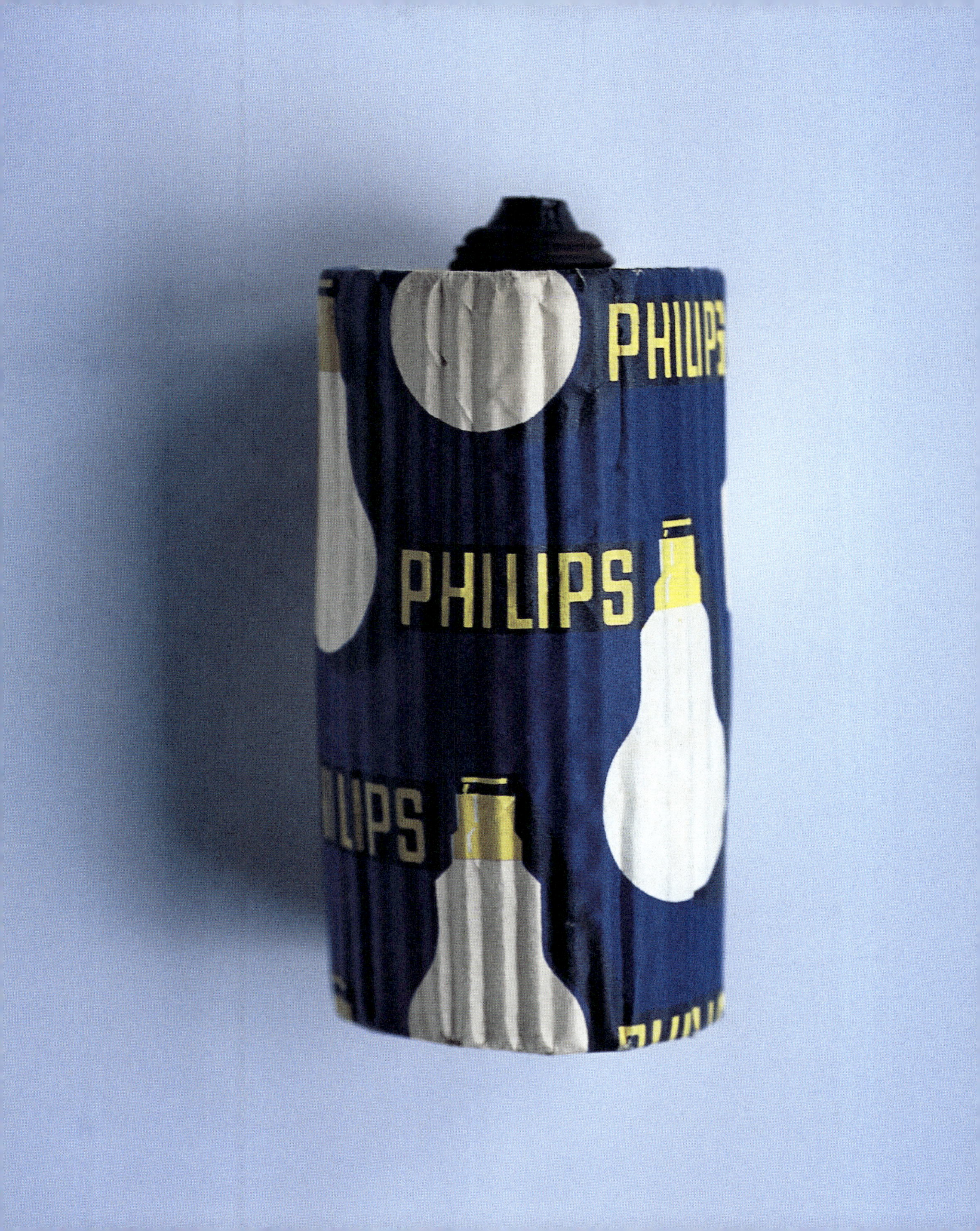
PHILIPS

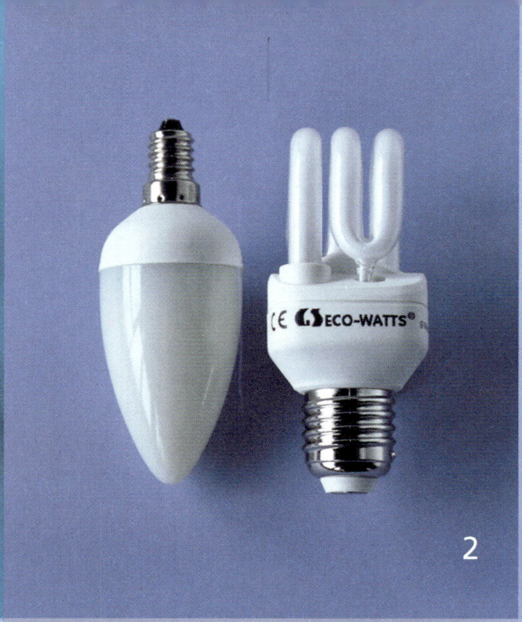

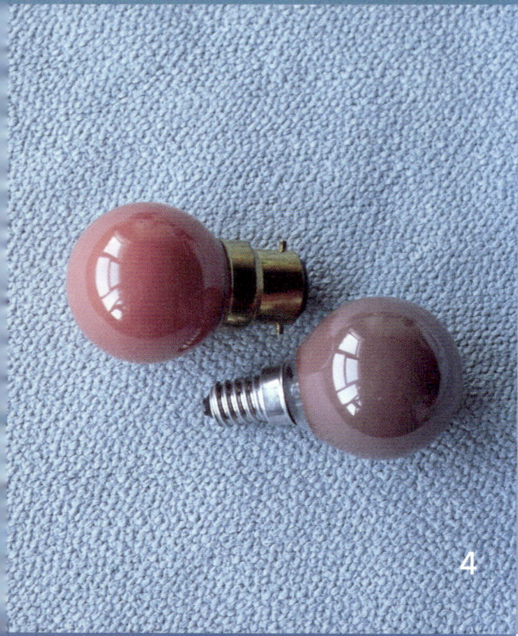

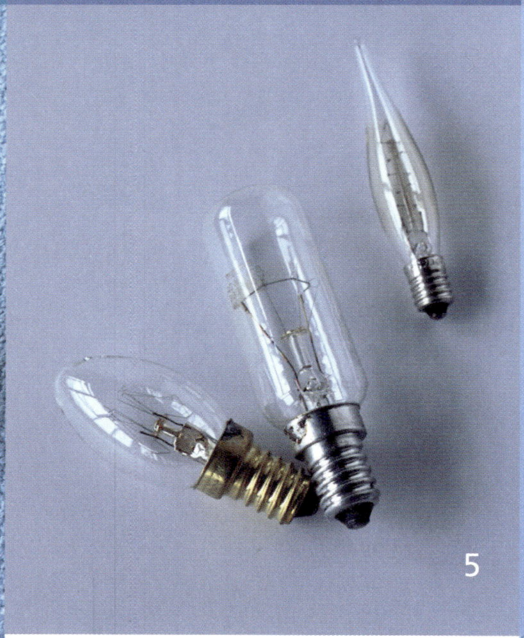

1 Standardglühlampen, klar und opal
2 Kompakt-Energiesparlampen
3 Soffittenlampe
4 farbige Tropfenlampen
5 Kerzen-, Röhren- und Kerzenlampe Royal, klar
6 dekorative Metallfadenglühlampen
7 Standardglühlampen mit silbernem Kopfspiegel
8 Kerzenlampe für Illumination

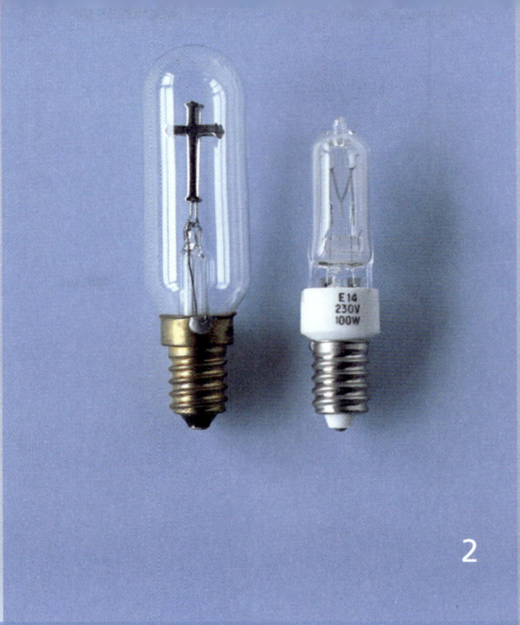

1 Tageslichtlampe und pastellgrüne Ambientelampe
2 dekorative Glühlampen, klar
3 Flackerkerzenlampen
4 Kerzenlampen Royal, klar
5 Kerzenlampe Royal und Kerzenlampe, matt
6 Lichterkette und Flexlichtschlauch
7 Nachtlicht
8 gelbe Anti-Insektenlampe

Glühlampen

Es gibt unglaublich viele verschiedene Glühlampen, die sich in Form, Farbe, Aussehen, Leistung und Helligkeit voneinander unterscheiden. Hier einige nützliche Informationen, die Ihnen die Auswahl der geeigneten Glühlampe erleichtern und Ihnen die Produkte erklären.

Klassische Allgebrauchslampen und Halogenlampen

Klassische Glühlampen haben einen Wolfram-Glühfaden, der Licht produziert, indem er durch Stromfluss erhitzt wird. Der Glühfaden gibt rund 20 % Licht und 80 % Wärme ab.

- Die klassische Glühlampe ist mit zwei Inertgasen, Stickstoff und Argon, gefüllt, welche die Lebensdauer des Wolfram-Glühfadens erhöhen. Sie kann auch Krypton oder Xenon enthalten.
Sie ist preiswert, verbraucht jedoch viel Energie. Ihre Lebensdauer beträgt ungefähr 1000 Betriebsstunden, ihre Farbwiedergabe ist gut und sie verstärkt die warmen Farbtöne. Sie eignet sich für kurze Betriebszeiten.

- Halogenlampen enthalten ein gleichnamiges Gas, das dem Glühfaden durch eine chemische Reaktion einen Teil des verdampften Wolframs zurückgibt.
Die chemische Reaktion erhöht die Lebensdauer der Lampe, findet jedoch bei einer sehr hohen Temperatur statt. Halogenlampen werden daher mit Quarz beschichtet, einem Material, das diese hohe Temperatur aushält.
Um die dünne Quarzschicht nicht zu beschädigen, sollte die Halogenlampe nicht mit den Fingern berührt werden.
Eine Halogenlampe ist nicht wirtschaftlicher als eine Allgebrauchslampe und teurer in der Anschaffung. Sie gibt jedoch 20 % mehr Licht ab und hat eine zwei- bis viermal längere Lebensdauer. Ihr Licht kommt dem Tageslicht am nächsten. Die Farbwiedergabe ist ausgezeichnet.

Kompaktleuchtstoff- und Leuchtstofflampen

Leuchtstofflampen und Energiesparlampen, sogenannte Kompaktlampen, funktionieren nach dem gleichen Prinzip: Ein Glasrohr ist an beiden Enden mit je einer Elektrode ausgestattet. In dem Glasrohr befinden sich geringe Quecksilbermengen in einem Edelgas. Die Innenseite des Rohrs ist mit einer dünnen Leuchtstoffschicht beschichtet, die die UV-Strahlung sichtbar macht. Diese resultiert aus einer in Quecksilberdampf erzeugten elektrischen Entladung.
Die Leuchtstofflampe ist fünfmal wirtschaftlicher als eine Allgebrauchslampe und hat eine Lebensdauer von etwa 8000 Betriebsstunden.
Die Farbwiedergabe ist nicht so gut wie bei einer Halogenlampe. Daher empfiehlt sich die Kombination mit anderen Lichtquellen.

Sockel klassischer Allgebrauchslampen

- kleiner Schraubsockel E 14
- normaler Schraubsockel E 27
- Bajonettsockel B 22

Den kleinen Schraubsockel E 14 findet man bei Lüstern und Leuchten am häufigsten. Der Bajonettsockel B 22 kommt immer seltener vor. Der Schraubsockel E 27 bietet eine enorme Flexibilität hinsichtlich der Wahl der Glühlampe.

Halogenlampensockel

- 230-Volt-Halogenlampen ähneln von der Form her den klassischen Allgebrauchslampen, sind aber etwas länglicher. Es gibt sie mit den Sockeln E 14, B 22 und E 27.

- Die 78 bis 118 mm langen Stablampen mit Sockel R7s müssen unter einem Schutzglas verwendet werden.

- Die sogenannten HI-Spots mit Sockel GU10 benötigen 230 Volt. Es handelt sich um Reflektorlampen wie die dichroitischen Glühlampen, die keinen Transformator erfordern.

- 12-Volt-Halogenstiftsockellampen mit Sockel GY6.35 werden bei Leuchten eingesetzt, die mit einem Transformator ausgerüstet sind.

- Dichroitisch beschichtete Halogen-Kaltlichtreflektorlampen funktionieren ebenfalls mit Transformator und haben einen GU5.3-Sockel.

Sockel für Energiesparlampen

Mit einem B 22- oder E 27-Sockel sind Energiesparlampen für klassische Fassungen geeignet. Sie haben unterschiedliche Formen: klassische Glühlampenform, Kerzenform, gedrehte Form, Globelampe oder Kompaktröhre.

Fassungen und Anschlussleitungen

Fassungen

Für jeden Sockel gibt es eine passende Fassung.
B 22-Bajonettfassungen aus Messing oder Kunststoff werden immer seltener verwendet.
E 27- oder E 14-Edisonfassungen findet man in allen handelsüblichen Leuchten; sie eignen sich für alle Arten von Glühlampen.

Eine Fassung besteht aus:

- einem Einsatz aus isolierendem Kunststoff oder Porzellan; er hat zwei Kontakte zur Glühlampe und zwei Anschlussklemmen, an die die beiden Drähte angeschlossen werden.
- einem Sockel, dem Teil der Fassung, in dem der Einsatz sitzt; er hat ein Durchgangsloch für die Anschlussleitung und ein Innengewinde mit 10 mm Durchmesser, sodass die Fassung auf einem Gewinderohr befestigt werden kann.
- einem auf den Sockel geschraubten oder geklemmten Gehäuse; es hat ein Gewinde zum Einsetzen der Glühlampe. Mitunter verfügt es auch über ein oder zwei Schraubringe zum Befestigen eines Lampenschirms.

Anschlussleitungen

Elektrische Leitungen sind Leiter, die den Stromfluss ermöglichen.
Sie können flexibel oder starr, dick oder dünn sein. Ihre Farben und Typenbezeichnungen sind codiert.
Leitungen bestehen aus mehreren in einem Schutzmantel angeordneten Adern. Jede Ader besteht aus isolierten, leitfähigen Kupferlitzen.
Installationsleitungen im häuslichen Bereich haben in der Regel drei Adern. Es gibt starre Leitungen für die feste Verlegung und flexible Leitungen für alle anderen Verwendungsarten.
Ihr Querschnitt wird in Quadratmillimetern angegeben. Je größer der Querschnitt, desto dicker ist die Leitung und desto höher ist die Stromstärke, die sie durchleiten kann.

Es gibt normierte Farbcodes für die Verwendung der Adern:

- Der Erdleiter ist gelb-grün,
- der Nullleiter ist blau,
- die Phase kann rot, schwarz, braun oder lila sein.

Die aus Buchstaben und Ziffern bestehende Typenbezeichnung liefert nützliche und genaue Informationen. Darauf folgt stets die Angabe des Aderquerschnitts. Bei Leitungen findet man zwischen der Typenbezeichnung und dem Querschnitt eine Angabe zum Erdleiter: Der Buchstabe J gibt an, dass ein Erdleiter vorhanden ist, der Buchstabe O besagt, dass es keinen Erdleiter gibt.

Bei der Montage von Leuchten werden Sie es vor allem mit folgenden Leitungen zu tun haben:

Flachleitung H03VVH2F
Sie besteht aus zwei Adern, die mit einer abgeflachten Hülle ummantelt sind. Die Flachleitung wird für den Anschluss leichter Elektrogeräte (Leuchten und Haushaltsgeräte) verwendet. Diese Leitungsart darf nicht bei Leuchten mit Metallgehäuse eingesetzt werden und sie muss schutzisoliert sein.

Textilummantelte Leitung H03RTF
Diese Leitungen werden für die Ausrüstung von Pendelleuchten empfohlen. Sie haben eine Textilummantelung und sind in mehreren Farben erhältlich. Auch sie dürfen nicht für Leuchten mit einem Metallgehäuse verwendet werden und müssen schutzisoliert sein.

Gummischlauchleitung H07RNF
Dank des Gummischlauchs ist diese Leitung feuchtigkeitsbeständig und hat eine hohe Schlagfestigkeit. Sie wird im Freien verwendet.

Kupferleiter
An diesem transparent isolierten Leiter aus versilbertem Kupfer werden Halogenstrahler in Hängesystemen befestigt.

1

2

3

4

5

6

7

1 Bajonettfassung E 27 aus vermessingtem Stahl auf Befestigungsring
2 Bajonettfassungen E 27 und E 14 aus vermessingtem Stahl mit Porzellanring
3 Fassungen E 27 in Schwarz, Weiß und Silber mit Glattmantel
4 Fassung E 27 mit Außengewindemantel und Ring, Fassung E 14 mit Glattmantel
5 Edisonfassung E 27 mit verchromtem Ring
6 Zugschaltfassung und Kippschalterfassung
7 Edisonfassung B 22 und E 27 mit verchromtem Ring
8 Kunststofffassung B 22 mit Bohrungen

8

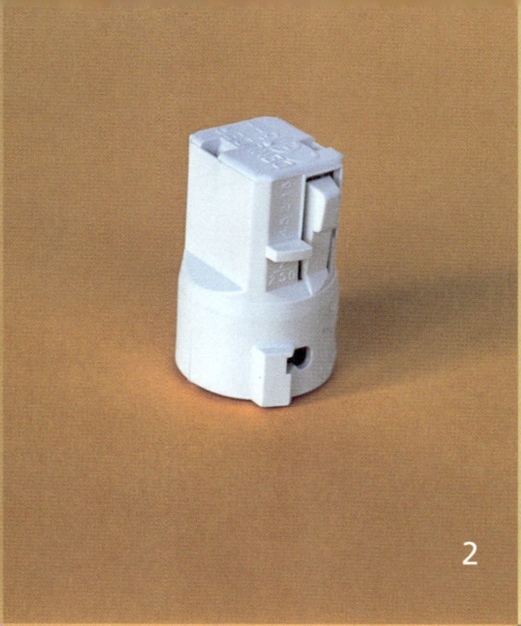

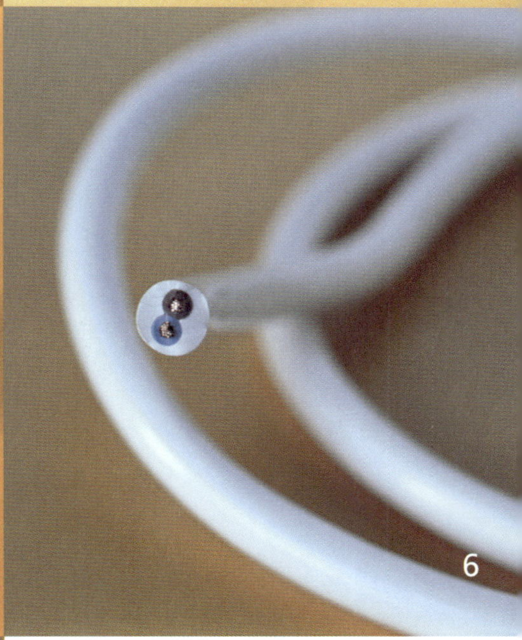

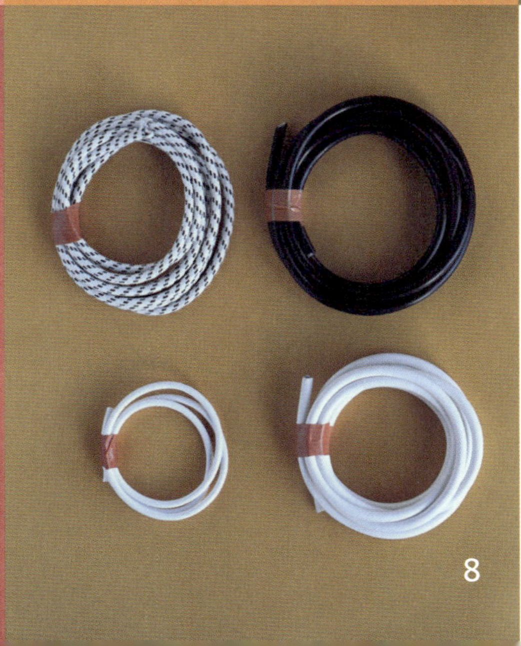

1 Fassung E 14, Außengewindemantel mit Ring
2 Baustellenfassung B 22
3 Fassung E 27 mit Sockel und Einsatz in einem Teil, Außengewindemantel
4 flexible Gummischlauchleitung mit Erdleiter (H07RNF), schwarz
5 Fassung, Schraubbefestigung unten
6 starre Leitung ohne Erdleiter (H03VVH2F), weiß
7 textilummantelte Leitungen (H03RTF)
8 textilummantelte Leitung und starre schwarze Leitung mit Erdleiter, starre weiße Leitung ohne Erdleiter, starre Leitung mit Erdleiter

Stecker, Schalter, Dimmer und diverses Zubehör

Stecker

Es gibt 2,5-Ampere-, 16-Ampere- und 10/16-Ampere-Stecker.
2,5-Ampere-Stecker können zwei Adern aufnehmen und eignen sich für kleine, schutzisolierte Leuchten. 10/16-Ampere-Stecker sind dreipolig, 16-Ampere-Stecker zwei- oder dreipolig. Es gibt mehrere Steckertypen, die sich zwar vom Aufbau her unterscheiden, deren Funktionsprinzip und Montage aber identisch sind.

Schalter und Dimmer

Der Zugschalter dient zum Einschalten von Leuchten mit einer Leistung von weniger als 400 Watt. Es gibt zwei Arten von Zugschaltern: den einpoligen Schalter, der den Strom nur an einer einzigen Ader unterbricht, sowie den zweipoligen Schalter, der die Stromabschaltung an beiden Adern gewährleistet. Der Dimmer hat die gleiche Funktion wie ein Schalter, ermöglicht dank einer elektronischen Regelung jedoch eine Lichtstärkeänderung. Seine Montage erfolgt in der gleichen Weise wie bei einem Schalter.
Der Dimmer hat den großen Vorteil, die Helligkeit ohne Veränderung der Lichtquelle modulieren zu können. Im Lauf des Tages und der Jahreszeiten dringt das Tageslicht nicht gleichmäßig ins Haus. Es ist daher sehr angenehm, die Lichtverhältnisse den individuellen Bedürfnissen anpassen zu können.

Diverses Zubehör (siehe auch Seiten 18–19)

- Der Baldachin verdeckt bei der Deckenaufhängung einer Hängelampe den Anschluss der Drähte in der Lüsterklemme. Es gibt Baldachine aus Kunststoff, Porzellan, Messing oder verchromtem Messing, in allen Formen und Stilrichtungen.

- Der Befestigungsring fixiert eine Glaskugel an einer Aufhängung oder einer Pendelleuchte.

- Scheibennippel dienen beim Zusammenbau einer Leuchte dazu, eine Fassung auf einer flachen Unterlage zu befestigen; siehe zum Beispiel die «Reiskugel» auf Seite 46.

- Spreizhalterungen eignen sich beispielsweise, um eine Flasche zu einer Leuchte umzubauen. Die Halterung wird in den Flaschenhals gesteckt und mit Hilfe einer in der Halterung befindlichen Mutter auf Passung gebracht. Daran lässt sich nun eine Fassung befestigen.

- Mit Hilfe einer Zugentlastungsklemme (aus weißem oder schwarzem Kunststoff) lässt sich die Zugspannung auf einer Elektroleitung verringern: Die Leitung wird an ihrer Verbindungsstelle an einem Teil der Leuchte (z. B. Baldachin, Lampenschirm) festgeklemmt. Man erzielt so auch einen fachgerechten Abschluss.

- Mit dem Reduzierring reduziert man den Durchmesser eines Gestellringes, um das Gestell beispielsweise auf einen Lampenfuß zu montieren.

- Die als Klemmleisten erhältlichen kleinen oder mittelgroßen Lüsterklemmen dienen dem Anschluss der Drähte bei der Leuchtenmontage. Üblicherweise verwendet man Lüsterklemmen für den Anschluss einer Hängelampe an die aus der Decke kommende Leitung oder, im Fall einer Wandleuchte, an die aus der Wand kommende Leitung.

1

2

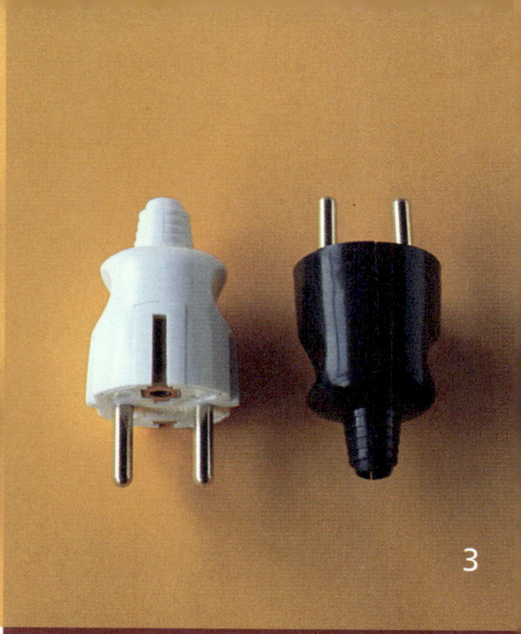

3

4

1 Stecker und textilummantelte Anschlussleitung
2 Thermoplast-Stecker
3 zweipolige Stecker mit Erdleiter
4 Schweizer, englischer und amerikanische Stecker
5 zweipolige Kupplung mit Erdleiter
6 Thermoplast-Kupplung
7 Schalter mit Leuchttaste
8 Dimmer

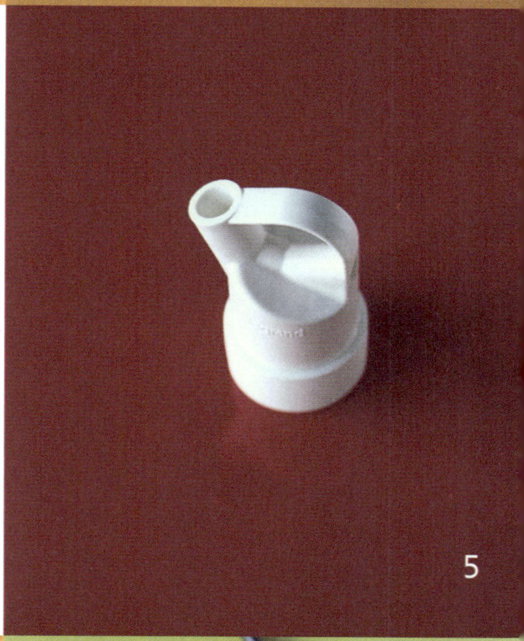

5

6

7

8

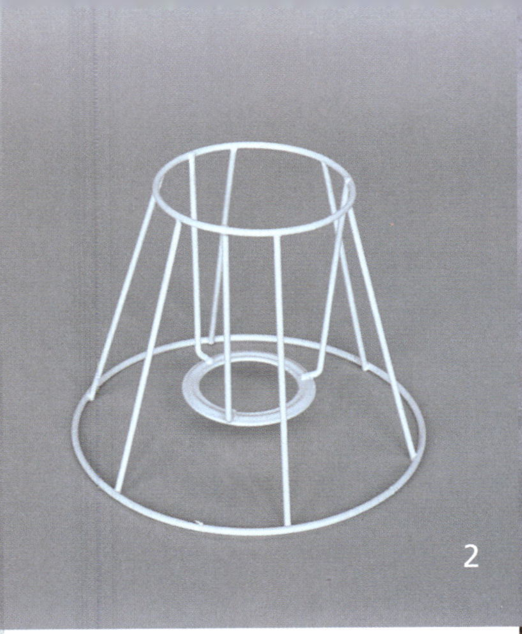

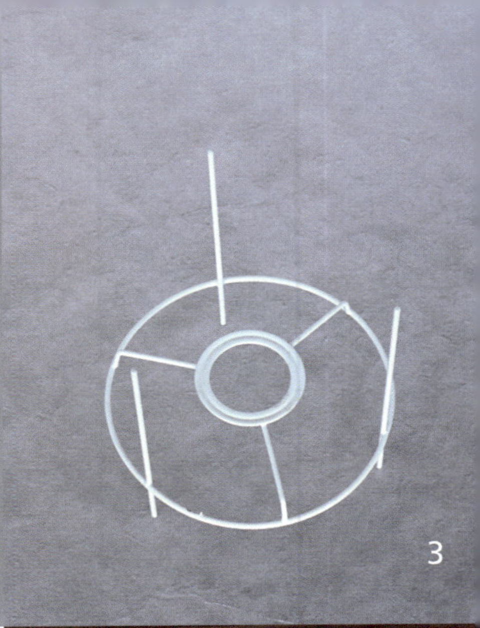

1 Klemmring
2 Lampengestell im Empire-Stil
3 Dreibein
4 einfacher Ring, exzentrischer Doppelring mit Innenring und Doppelring mit Innenring
5 Porzellanbaldachin
6 Lampengestell für eine Nachttischlampe
7 Deckenbefestigung
8 Dreiarmfeder

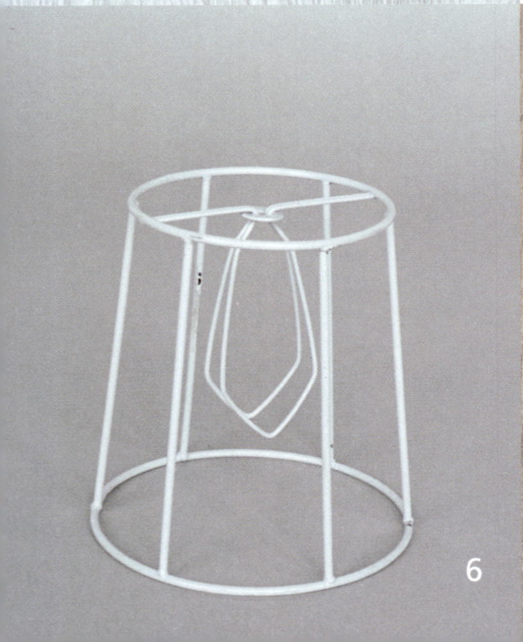

1

2

3

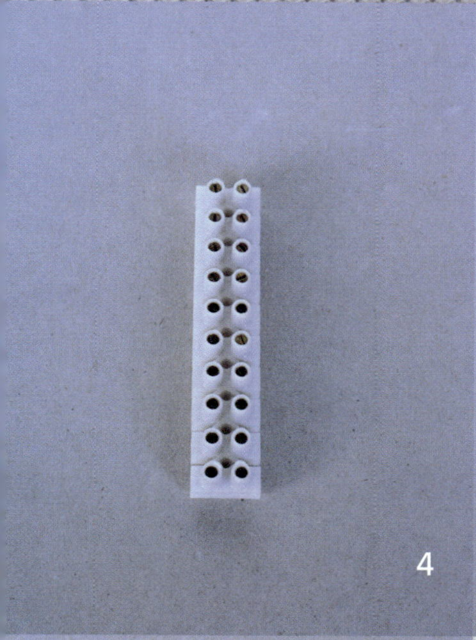

4

5

1 Stahlmuffen: Reduziernippel, Verbindermuffe und Sechskantmutter
2 Spreizhalterung
3 vermessingter Befestigungsring
4 Lüsterklemmen
5 Reduzierringe
6 Zugentlastungsklemmen
7 Scheibennippel
8 Fassung E 14 mit Kerzenhülse und Papphülse, weiß

6

7

8

Kleinmaterial

Lampenschirmgestelle (siehe auch Seiten 18–19)

Diese bestehen meist aus Kupfer und sind mit oder ohne Farbüberzug beziehungsweise mit weißer Kunststoffummantelung. Es gibt dreibeinige, zylindrische Lampenschirme zum Aufsetzen, kuppelförmige, solche im Empire- oder amerikanischen Stil, in Pagodenform, solche für sechsarmige Lüster mit kleinen Aufsteckschirmen und Kerzenklammern, Plissee-Lampenschirme und viele mehr.
Daneben gibt es lose Metallringe, einfache oder doppelte Metallringe mit Innenring, Ovale, Quadrate usw., mit denen man Lampenschirme ohne senkrechtes Gestänge bauen kann. Sie sind für relativ steifes und festes Lampenschirmmaterial vorgesehen.
Ein Lampenschirm lässt sich auf zwei Arten an einer Leuchte anbringen: Entweder wird ein Ring um das Fassungsgehäuse gefügt und mit einem weiteren Gewindering befestigt. Oder man klemmt eine Klammer direkt auf die Glühlampe.

Einen Lampenschirm bauen

Für ein Gestell mit vertikalem Gestänge können Sie eine Schablone anfertigen, indem Sie das Gestell über Patronenpapier rollen und die Kontur oben und unten nachzeichnen: Machen Sie auf einem der Ringe eine Markierung, beginnen Sie von dort an und enden Sie wieder am Ausgangspunkt. Geben Sie oben und unten 2 cm zum Ausgleichen hinzu. Verwenden Sie einen für das jeweilige Material geeigneten Klebstoff, machen Sie einen Test und gehen Sie dann ans eigentliche Werk. Setzen Sie auf den oberen und unteren Gestellrand eine selbstklebende Textilbordüre, die es in verschiedenen Farbtönen zu kaufen gibt.

Klebstoff

- Sprühkleber wird anders verarbeitet als Klebstoff aus der Tube. Verwenden Sie einen etwa 30 × 50 cm großen Karton als «Sprühkabine». Legen Sie hier das Blatt oder die Teile hinein, die verklebt werden sollen. Schütteln Sie die Spraydose und besprühen Sie die Teile aus 30 cm Entfernung; die Dose dabei senkrecht halten. Nach einigen Sekunden die Teile herausnehmen und an die vorgesehene Stelle kleben.

- Den Heißkleber (in Stäbchenform) bringt man mit einer Klebepistole auf. Mit diesem Klebstoff lassen sich zahlreiche Materialien wie Holz, Pappe, Leder, Kunststoff, Glas, Porzellan usw. verbinden. Mit Hilfe der Klebepistole entsteht beim Zusammenfügen praktisch sofort eine geschmeidige Verbindung. Aber Vorsicht: Der Klebstoff aus der Pistole ist kochend heiß und man kann sich leicht verbrennen.

- Cyanacrylat-Klebstoffe sind schnell bzw. unmittelbar abbindend. Es gibt Multifunktionskleber und Spezialkleber für Glas, Kristall oder Metall.

- Epoxidharz-Klebstoffe sind Zweikomponentenkleber, die man erst kurz vor dem Zusammenfügen mischt. Sie härten schnell, extrem schnell oder schrittweise.

- Flüssigkleber sind für harte Kunststoffe (PVC, ABS, hartes Polystyrol unter anderes) vorgesehen.

- Spachtelkleber sind beispielsweise Leimkitt für Spiegel oder Klebepasten auf Epoxidharzbasis.

- Weiße Vinylkleber eignen sich für Papier, Holz, Pappe, Stoff u. a.

- Tapetenkleister.

Papier und Klebefolien

- Gummiertes Kraftpapier: ecrufarbenes oder weißes Kraftpapier (Packpapier) von der Rolle, eine Seite gummiert. Es ist in verschiedenen Breiten erhältlich und wird insbesondere zum Verbinden von Pappe verwendet.

- Polyphan-Klebefolie: transparente Folie, auf die man Papier oder Seide kleben kann; wird bei der Herstellung von Lampenschirmen verwendet.

- Transparente Kunststofffolie: hochglänzende Folie zum Schutz von Oberflächen aus Papier und Pappe.

- Selbstklebende Leinwand: für die Reparatur von Büchern, zum Bespannen oder als Lampenschirmbordüre; in verschiedenen Breiten und Farbtönen erhältlich.

Um Leuchten selbst zu bauen, benötigen Sie eine Heimwerker-Grundausstattung, die hier nicht vollständig aufgelistet werden kann. Für die Anfertigung der einzelnen Projekte finden Sie in diesem Buch jedoch jeweils genaue Angaben zum erforderlichen Werkzeug und Material.

Phasenprüfer usw.

Für die Ausführung der Elektromontagen benötigen Sie lediglich einen kleinen, flachen, isolierten Schraubendreher, evtl. einen Phasenprüfer, einen Seitenschneider und eine Abisolierzange.
Alles, was Sie brauchen, erhalten Sie in Hobbymärkten oder im Papierfachhandel.

1

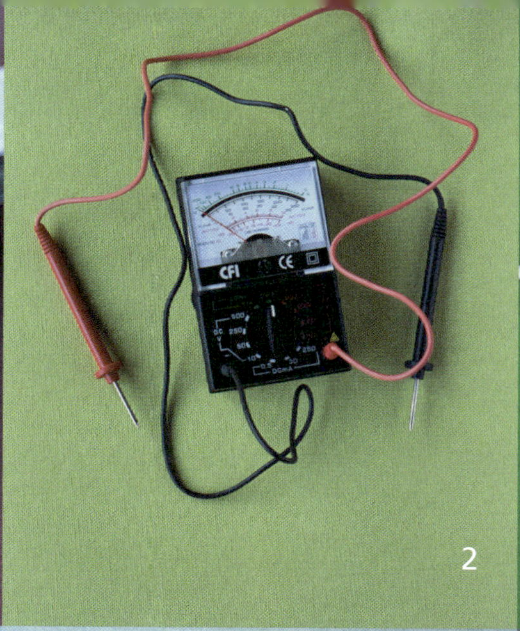
2

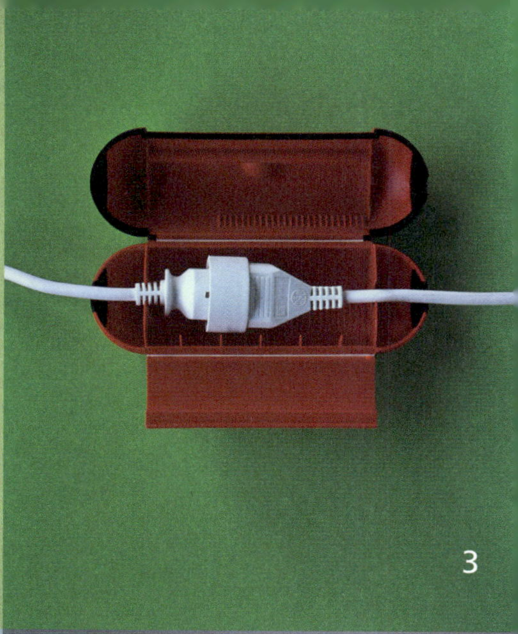
3

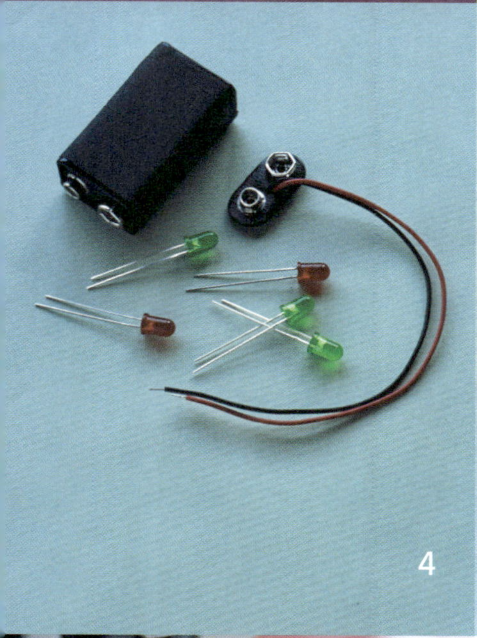
4

5

6

7

1 Loch- oder Ösenzange
2 Strommesser
3 Sicherheitsbox
4 Leuchtdioden, 9-Volt-Batterie und Anschlusskupplung
5 Verlängerungskabel mit Erdleiter
6 Lötdraht
7 Lötkolben und Lötdraht
8 Fassungsadapter für B 22/E 14

8

Elektromontagen

Die Parallelschaltung

Bei einer Parallelschaltung werden mehrere Glühlampen über eine Elektroleitung miteinander verbunden und parallel geschaltet.

Wenn eine der Glühlampen herausgeschraubt wird, fehlt oder durchgebrannt ist, funktionieren die anderen Glühlampen trotzdem – anders als bei einer Reihenschaltung, bei der der Strom gleichzeitig durch alle Glühlampen fließt.

Für eine Parallelschaltung ist es wichtig, eine dafür geeignete Elektroleitung auszuwählen. Sie müssen die Anzahl der Glühlampen und deren Wattleistung kennen, um die Leistung der Leitung festlegen zu können. Diese ist die Summe der Leistung aller Glühlampen und darf maximal 500 Watt betragen. Verwenden Sie vorzugsweise Glühlampen zwischen 15 und 40 Watt. So verringern Sie die Erhitzungsgefahr und verhindern eine zu hohe Lichtstärke.

Die erforderliche Länge der Elektroleitung ergibt sich aus der Anzahl der Glühlampen, die Sie parallel schalten möchten, sowie durch den jeweiligen Abstand zwischen den Glühlampen. Ferner müssen Sie die Leitungslänge berücksichtigen, die für den Anschluss der Lampenkette an das Stromnetz erforderlich ist. Schneiden Sie die Anschlussleitung in die benötigte Anzahl an Stücken.

Montieren Sie dann an das eine Ende eines Leitungsstücks einen zweipoligen Schalter und an das andere Ende einen Stecker.

Führen Sie aus dem Schalter das nächste Leitungsstück heraus, montieren Sie an dessen Ende eine Fassung, wobei Sie jedes Kabel durch eine Anschlussklemme führen.

Befestigen Sie an dieser Fassung das nächste Leitungsstück, indem Sie die beiden Drähte an die Anschlussklemmen der Fassung montieren. Bringen Sie die beiden Drähte am anderen Ende in der gleichen Weise an der nächsten Fassung an.

Zum Schluss müssen Sie nur die beiden Drähte der letzten Leitung an die Anschlussklemmen der letzten Fassung montieren, ohne ein neues Leitungsstück anzufügen.

Für einen sauberen und fachgerechten Abschluss wird auf jede Fassung eine Zugentlastungsklemme gesetzt. Detailliertere Informationen erhalten Sie in der Anleitung für die Glühlampengirlande auf Seite 124.

Die Einfachschaltung einer Leuchte

Bei einer Einfachschaltung werden die einzelnen Glühlampen unabhängig voneinander mit Strom versorgt. Ob Pendelleuchte oder Tischlampe, das Schaltungsprinzip ist das gleiche.

Material:

- Abisolierzange
- Seitenschneider
- (isolierter) elektrischer Schraubendreher
- Fassung
- für die Fassung geeignete Glühlampe
- zweipoliger Schalter
- Stecker
- zweiadrige Anschlussleitung

Isolieren Sie die beiden oberen Adern der Leitung auf einer Länge von 1 cm ab. Verdrillen Sie sie und führen Sie die Leitungsenden in den Sockel der zuvor demontierten Fassung. Führen Sie dann jede Ader in eine Seite der Anschlussklemme an der Fassung. Klemmen Sie sie fest.

Setzen Sie den Einsatz der Fassung wieder in den Sockel und schrauben Sie das Gehäuse fest. Abhängig vom jeweiligen Projekt kann die Fassung auf ein Gewinderohr mit einem Durchmesser von 10 mm geschraubt werden.

Messen Sie ab der Stelle, wo die Leitung sichtbar wird, 30 cm ab und schneiden Sie diese zum Einsetzen des Schalters durch.

Isolieren Sie die vier Adern ab und verdrillen Sie sie, bevor Sie sie paarweise an die Anschlussklemmen des Schalters anschließen. Schließen Sie das Schaltergehäuse wieder.

Nun wird der Stecker an das Leitungsende montiert: Isolieren Sie die Adern ab, verdrillen Sie sie, führen Sie sie durch das Steckergehäuse, befestigen Sie sie in den Anschlussklemmen, schrauben Sie sie zu und schließen Sie das Gehäuse wieder.

Gedämpftes

Licht

Ideen

Scoubidous

Knoten Sie ein Ende eines Scoubidoubands an einem der Gestellringe fest und spannen Sie vertikale Schnüre rund um das Gestell, jeweils im Abstand von 2 cm. Befestigen Sie am oberen Rand des Ringes ein weiteres Scoubidouband an einer der vertikalen Streben. Führen Sie es abwechselnd unter den vertikalen Schnüren hindurch und über sie hinweg. Verknoten Sie es zum Schluss. Schieben Sie die Knoten auf die Lampenschirminnenseite und schneiden Sie überschüssige Scoubidoubänder mit der Schere ab. Umwickeln Sie den oberen und den unteren Gestellring mit Scoubidoubändern: So sieht der Abschluss wie eine Gimpe aus.

Silberner Lampenschirm

Übertragen Sie mit Transparentpapier die Vorlage von Seite 134 auf Polyphan-Folie, Silber- oder Goldfolie und Popset-Papier. Eine der Schmalseiten erhält 1 cm Zugabe. Die Vorlage ausschneiden und das Popset-Papier auf der Klebeseite der Polyphan-Folie aufbringen. Die Silberfolie mit Sprühkleber auf die Rückseite der Polyphan-Folie kleben. Die aufeinandergeklebten Materialien um das Gestell legen und die beiden Schmalseiten mit doppelseitigem Klebeband verbinden. Den Lampenschirm auf dem Gestell zurechtrücken und eventuell überstehende Ränder mit einem Cutter abschneiden. Noch professioneller wird der Lampenschirm, wenn Sie den Papierrand auf der Innenseite mit der Scherenspitze unter den Gestellring schieben. Das Papier auf dem Gestell mit Wäscheklammern festklemmen, solange der Klebstoff trocknet.

Strukturpapier

Übertragen Sie mit Transparentpapier die Vorlage von Seite 135 auf geripptes Papier. Erzeugen Sie mit der Nähmaschine Lochreihen parallel zur Schmalseite der aufgezeichneten Kontur. Die Abstände zwischen den Reihen und Punkten können Sie nach Lust und Laune variieren. Die Form ausschneiden, zusammenrollen, um das Lampenschirmgestell legen und die Schmalseiten zusammenkleben. Wenn das Papier trocken ist, die oben und unten überstehenden Ränder mit der Schere bündig zu den Gestellringen schneiden. Zum Befestigen an den Gestellringen oben und unten Klebstoff auf das Papier geben.

Transfermuster

Übertragen Sie ein Muster im Transferverfahren nach den Herstellerangaben für T-Shirt-Transferpapier. Fertigen Sie mit Transparentpapier und der Vorlage von Seite 135 eine Bleistiftzeichnung an und schneiden Sie den Stoff entsprechend zu. Rollen Sie den zugeschnittenen Stoff zusammen und legen Sie ihn um das Lampenschirmgestell. Geben Sie Klebstoff auf die Schmalseite, formen Sie den Lampenschirm und kleben Sie ihn zusammen. Wenn der Klebstoff getrocknet ist, schneiden Sie überstehenden Stoff mit der Schere oben und unten bündig zu den Gestellringen ab. Zum Befestigen an den Gestellringen oben und unten Klebstoff auf den Stoff geben.

Ideen

Lichtzylinder

Ein aufgerollter Papierbogen kann äußerst kleidsam für eine nackte Glühlampe sein. Lassen Sie sich von der Anleitung für die Bettlakenleuchte auf Seite 38 inspirieren und fertigen Sie einen Zementfuß an, auf den Sie eine kleine Fassung schrauben. Suchen Sie sich ein schönes Papier für den Lampenkorpus aus und rollen Sie es um den Zementfuß. Arbeiten Sie eventuell mit der Schere nach, damit alles gut sitzt, und kleben Sie es fest. Bringen Sie unten eine Öse an, um die Leitung durchzuführen – und fertig ist der Lichtzylinder!

Varianten:

Rote Innenseite: innen rotes Origami-Papier, außen weißer Bristol-Karton. So kommen die Ornamente schön zur Geltung, wenn die Lampe angeschaltet ist!

Papier mit Harzstreifen: Für zusätzliche Transparenz sorgen innen olivgrün bedrucktes Papier, außen weißer Bristol-Karton sowie zwei horizontale Streifen aus transparentem Harz.

Außen bedrucktes Papier: rotes, durchbrochenes chinesisches Opferpapier, auf selbstklebende Polyphan-Folie geklebt und am unteren Rand dem Muster entsprechend zickzackförmig eingeschnitten; hier erübrigt sich eine Leitungsdurchführung.

Noodle-Cup

Setzen Sie einen kleinen Aufsteckschirm mittig auf den Boden eines Fertigsuppenbechers und fahren Sie seine Kontur mit einem Bleistift nach. Zeichnen Sie mit dem Zirkel in die Mitte dieses Kreises einen 2 cm kleineren Kreis.
Schneiden Sie den kleineren der beiden Kreise mit dem Cutter aus.
Kleben Sie den Aufsteckschirm mit Neoprenklebstoff in den Nudelbecher. Haben Becher und Aufsteckschirm den gleichen Durchmesser, schneiden Sie den Becher nur oben auf und schieben Sie den Aufsteckschirm (evtl. mit einigen Tropfen Neoprenklebstoff versehen) ins Becherinnere.

Lampenschirm mit Deckel

Übertragen Sie mit Transparentpapier die Vorlage von Seite 135 auf Polyphan-Folie sowie Popset-Papier. Geben Sie jeweils an einer der Schmalseiten 1 cm Zugabe hinzu. Setzen Sie das Gestell mit dem oberen Rand auf Polyphan-Folie und Popset-Papier und zeichnen Sie seinen Umriss mit einer 1 cm breiten Zugabe rundum nach. Schneiden Sie die Umrisse mit dem Cutter aus und kleben Sie das Popset-Papier so auf die Klebeseite der Polyphan-Folie, dass die Formen übereinstimmen. Schneiden Sie den Deckelrand und den unteren Lampenschirmrand zackenförmig ein.
Legen Sie den Deckel oben auf das Gestell und fixieren Sie ihn mit Alleskleber. Kleben Sie die Zacken des Deckels an den oberen Lampenschirmrand.
Justieren Sie den Lampenschirm auf dem Gestell und kleben Sie die beiden Schmalseiten mit doppelseitigem Klebeband zusammen.
Legen Sie zum Befestigen des unteren Zackenrands die Zacken nach innen um den unteren Gestellring. Schieben Sie überstehendes Papier auf der Innenseite mit der Scherenspitze unter den Gestellring. Klemmen Sie das Papier auf dem Gestell mit Wäscheklammern fest, solange der Klebstoff trocknet.

NISSIN
CUP

Laterna magica

Als Kinder verzauberte uns die Laterna magica auf hypnotische Weise durch vertraute Figuren und Tiere, die sich um ein Nachtlicht drehten. Die Laterna magica in unserem Projekt hat einen Innenschirm, der durch die Wärme des Leuchtmittels in Drehung versetzt wird. Im ausgeschalteten Zustand schmücken sie breite, kräftige Farbstreifen. Das Licht bringt die zarten, pastellfarbenen Streifen des Einsatzes zum Vorschein.

Material für die Leuchte

- einfacher Klemmring, ∅ 7 cm, für eine Tropfenlampe
- einfacher Ring, ∅ 11 cm
- Doppelring aus Kupfer mit Innenring, ∅ 20 cm
- Kopf einer vernickelten Rohrniete, 4 × 12 mm
- Modelliermasse
- Brett aus Kiefernholz, 14 × 14 cm, 2,5 cm stark
- transparente Polyphan-Folie, 40 × 60 cm
- transparente Kunststofffolie, DIN A4
- farbiges Transparentpapier, DIN A4, 70 oder 90 g (in Perlmuttweiß, Anisgrün, Türkis)
- Pauspapier, DIN A4
- Aluminiumfolie, 15 × 21 cm, 3 mm stark, oder Boden einer mit einem Nudelholz ausgerollten Aluschale
- Acrylfarbe in Weiß, gemischt mit etwas Ceruleumblau und Gebrannte Erde
- Wandfarbe in Gelb, Orange, Rosé, Rot
- wiederabziehbare Klebefolie
- sehr feines Schleifpapier
- kleines Ablagebrett für den Lötkolben und die Modelliermasse
- Holzpaste
- Klebstoff für weiche und harte Kunststoffe

Elektromaterial

- Glühlampe mit Sockel E 27, 60 Watt, 10 cm lang
- schwarze Zugschaltfassung E 27 mit Ring
- 4 verchromte Scheibennippel als Füße
- verchromte Schraubhalterung, ∅ 4 cm
- Winkelstecker aus Bronze
- verchromtes Messingrohr, ∅ 10 mm, 25 cm lang
- silberne, textilummantelte Anschlussleitung, 1,5 m

Werkzeug

- Spachtelmesser
- Lötkolben
- flache Spitzzange
- flacher Schraubendreher
- Abisolierzange
- elektrische Bohrmaschine
- 10er-Holzbohrer
- Holzsäge
- weicher Haarpinsel
- Vorstecher
- Feile

Laterna magica

1

Die Schablone des großen Lampenschirms von Seite 137 mit Pauspapier auf die nicht klebende weiße Seite der Polyphan-Folie kopieren. Die Vorlage mit 1,5 cm Zugabe auf beiden Längsseiten ausschneiden. Die verschiedenen Transparentpapiere mit Zugaben oben und unten zuschneiden. Die Schutzschicht der Klebefolie abziehen. Kleben Sie das anisgrüne Transparentpapier so auf, dass seine rechte Seite auf die erste vertikale Markierung zu liegen kommt. Die linke Seite des nächsten Stücks an das erste kleben usw.

2

Die Schmalseiten rechts und links gerade schneiden. Einen 4 mm breiten Streifen farbiges Transparentpapier abziehen, ohne das Polyphan zu zerschneiden. Klebstoff auf die Ränder geben und den Lampenschirm zusammensetzen. Die Schmalseiten müssen an der Klebelinie überlappen.

3

Stabilisieren Sie den Lampenschirm durch Einkleben des 11 cm großen Einfachrings und des Doppelrings. Drehen Sie den Lampenschirm um und geben Sie Klebstoff auf den ersten Ring. Stellen Sie ihn parallel zur Arbeitsfläche. Nach dem Trocknen den Lampenschirm umdrehen und den Doppelring einkleben. Wenn alles trocken ist, die Polyphan-Folie an den Rändern der Ringe bündig schneiden.

4

Kopieren Sie die Sternschablone von Seite 136 mit Pauspapier auf Aluminiumfolie. Ziehen Sie die Kontur mit einem Vorstecher nach. Die Zacken ausschneiden und die Zackenspitzen umbiegen. Biegen Sie die Zacken gemäß der Vorlage um. Machen Sie in der Zackenmitte einen sternförmigen Einschnitt mit einem Durchmesser von 1 cm. Biegen Sie die dadurch entstandenen dreieckigen Laschen nach unten. Sie müssen in die gleiche Richtung zeigen wie die umgebogenen Zackenteile bzw. Zackenenden. Kleben Sie den Nietenkopf auf das Loch in der Mitte.

5

Mit der Schablone von Seite 136 den Innenschirm herstellen. Übertragen Sie die Form auf transparente Kunststofffolie. Malen Sie vier Flächen aus. Tragen Sie zunächst zwei sich gegenüberliegende Farben auf. Nach dem Trocknen die beiden anderen Farben aufmalen. Den Lampenschirm zusammenkleben. Halten Sie die Zacken oben an den Lampenschirm und kleben Sie ein Zackenende nach dem anderen an den Lampenschirm.

6

Die beiden Klammernteile vom Klemmring abschneiden, um die Klammer zu entfernen. Ein 2 cm langes Stück aus dem abgeschnittenen Mittelsteg schneiden. Ein Ende mit einer Feile anspitzen.

7

Die Klammer auf die Glühlampe setzen, um beide Teile in den erforderlichen Abstand zu bringen. Die Klammer in dieser Position in Modelliermasse auf ein Brett drücken. Das nicht zugespitzte Ende des Pins in der Mitte der Klammer senkrecht festlöten. Die Klammer vertikal zentriert auf die Glühlampe setzen.

8

Das Kiefernholzbrett schleifen und mit einem Spachtelmesser Holzpaste dünn auf alle Seiten streichen. Trocknen lassen. Schleifen, ohne die Ecken zu runden. Den Vorgang wiederholen, bis die Oberfläche glatt ist. Streichen Sie das Brett mit der Farbmischung. Zwei Schichten auftragen und trocknen lassen. Führen Sie jeweils einen Zwischenschliff aus.
Zeichnen Sie die Diagonalen ein sowie darauf jeweils in 1,5 cm Entfernung von den Ecken eine Markierung. Am Kreuzungspunkt der Diagonalen ein Loch bohren. Für die vier Füße in jede Markierung ein 7-mm-Loch bohren. Die vier Scheibennippel festschrauben. Ziehen Sie auf der Oberseite die beiden Schrauben fest, mit denen die Halterung auf dem zentralen Loch befestigt wird.
Das Messingrohr auf die Halterung schrauben. Montieren Sie die Zugschaltfassung. Führen Sie die Anschlussleitung in das Rohr und lassen Sie sie unter dem Holzsockel herauskommen. Die Fassung festschrauben. Den Stecker an das Leitungsende montieren.

9

Den Messingring von der Fassung abschrauben. Den Ring des großen Lampenschirms um die Fassung setzen und deren Messingring darauf festschrauben. Die mit dem Pin versehene Glühlampe einsetzen. Den Innenschirm in den Außenschirm schieben. Der Pin muss im geklebten Metallstück in der Mitte der Zacken liegen. Fertig!

1
2
3
4
6
7
8
9

Papierleuchte

Diese mit chinesischem Papier bespannte Leuchte verbreitet wunderbar warmes Licht. Sie ist mit zwei Glühlampen ausgestattet, die zusammen oder einzeln eingeschaltet werden können, und fügt sich leicht in jedes Ambiente ein, bei dem gedämpftes Licht angesagt ist.

Material für die Leuchte

- 2 Bogen dünnes, bedrucktes Papier: 1 Bogen à 27 × 27 cm und 1 Bogen à 90 × 35 cm
- Acrylbinder
- doppelseitiges Klebeband
- Neusilberdraht (Argentan)
- 2 Lampenschirmgestelle, ∅ 25 cm, 15 cm hoch
- Doppelring mit Innenring, ∅ 25 cm
- Dreibein für einen zylindrischen Lampenschirm

Elektromaterial

- 2 Fassungen E 27 mit Ring
- weiße Anschlussleitung, 3 m
- 2 Schalter
- 2 Stecker

Werkzeug

- Elektriker-Schraubendreher
- Abisolierzange
- Seitenschneider
- großer Pinsel
- Schere
- Cutter

南無阿彌陀佛

Papierleuchte

1
Überstreichen Sie die Papierbogen mit einem großen Pinsel beidseitig mit zwei Schichten Acrylbinder. Lassen Sie die erste Schicht trocknen, bevor Sie die nächste auftragen. Schneiden Sie den großen Bogen auf 31 cm Höhe zu.

2 und 3
Binden Sie die beiden identischen Lampenschirme und den Doppelring mit Neusilberdraht zusammen.

4
Montieren Sie an jede Fassung eine 1,5 m lange Anschlussleitung und setzen Sie die Fassungen auf die Gestellkombination. Befestigen Sie das Dreibein an der unteren Fassung.

5
Montieren Sie an jeder Leitung jeweils in etwa 30 cm Entfernung von der Fassung einen Schalter sowie am Leitungsende einen Stecker.

6
Versehen Sie den vorbereiteten 90×31 cm großen Papierbogen am oberen und unteren Rand mit doppelseitigem Klebeband.

7
Kleben Sie das Papier gleichzeitig an den oberen und unteren Gestellring.

8
Schneiden Sie aus dem 27×27 cm großen Papierbogen passend zum Leuchtendurchmesser eine Scheibe zu und umkleben Sie diese mit doppelseitigem Klebeband.

9
Die Leuchte wird geschlossen, indem Sie die Scheibe auf den oberen Ring kleben. Streichen Sie sie dabei glatt.

Tipp
Wenn Sie kein bedrucktes Papier mit großen Abmessungen haben, können Sie mehrere kleine Bogen verwenden. Kleben Sie diese in entsprechend großer Zahl an den Rändern mit doppelseitigem Klebeband so zusammen, dass das Gestell vollständig abgedeckt wird.

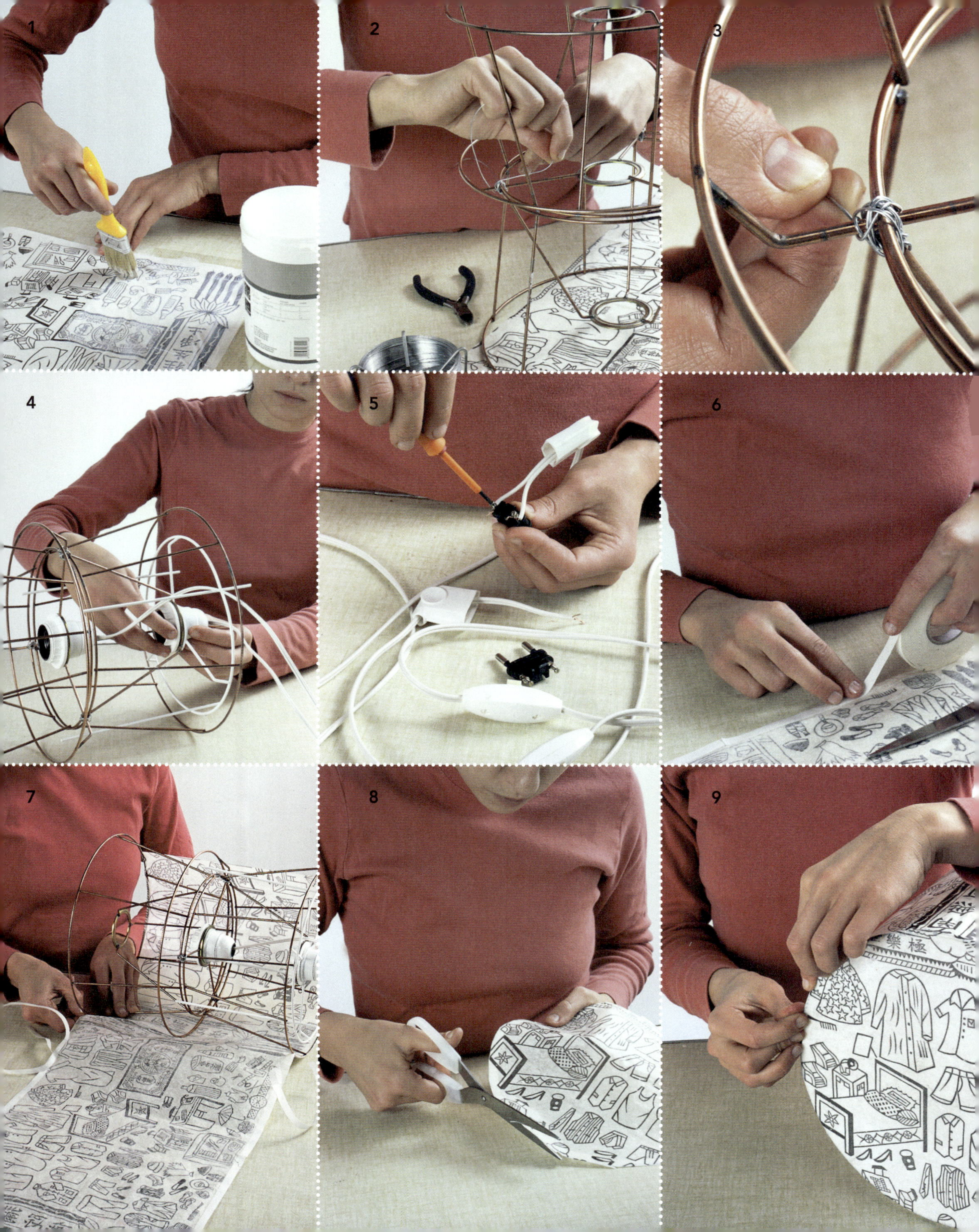
1
2
3
4
5
6
7
8
9

Bettlakenleuchte

Auf diese Weise verhelfen Sie Ihrer bestickten oder bedruckten Wäsche zu einem zweiten Frühling. Die Lampe im Inneren sorgt für überraschende Lichtspiele.

Material für die Leuchte

- Joghurtbecher aus Kunststoff
- 10 Kieselsteine
- Stück eines ausgedienten Bettlakens
- Textiletiketten aus Stoff
- Modelliermasse
- Vaseline
- Weißzement
- 2 Bogen transparente Kunststofffolie
- Gewinderohr, ∅ 1 cm, 4 cm lang
- 3 Esslöffel Zucker

Elektromaterial

- dünne, transparent isolierte Anschlussleitung, 1,5 m
- Schalter
- Stecker
- Fassung
- Leuchtstoffenergiesparlampe mit Gewinde, 75/16 Watt

Werkzeug

- Loch- oder Ösenzange und Öse
- Nähmaschine

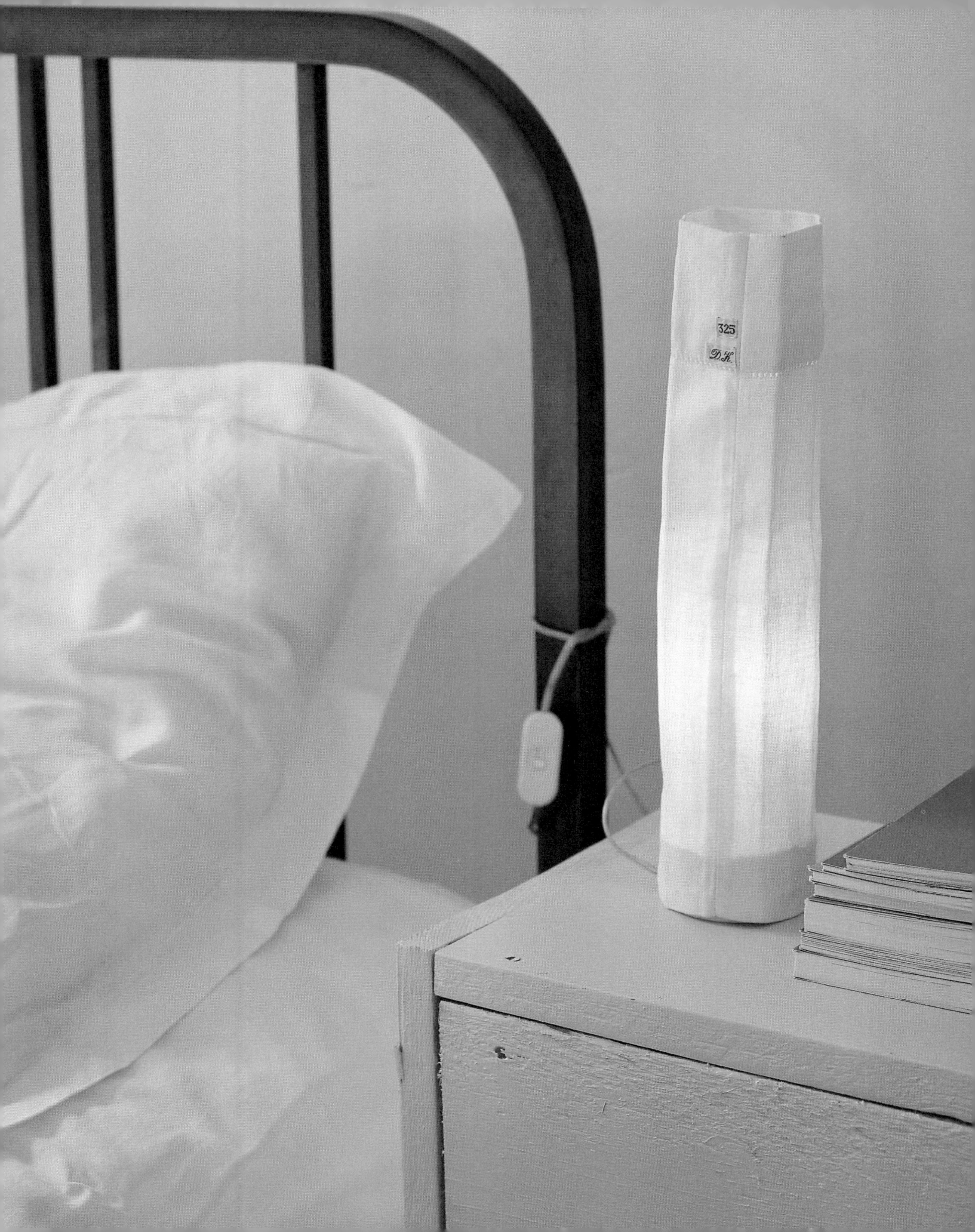
325
D.K.

Bettlakenleuchte

1
Formen Sie aus Modelliermasse eine abgeflachte Rolle und legen Sie diese vom Rand bis zur Mitte auf den Boden eines Joghurtbechers aus Kunststoff mit einem Durchmesser von 7,5 cm. Drücken Sie in der Bechermitte ein Stück Gewinderohr in die Modelliermasse.

2
Streichen Sie den Becher mit Vaseline aus und bereiten Sie den Weißzement vor. Gießen Sie ihn in den Becher, geben Sie zehn Kieselsteine hinein und gießen Sie dann weiteren Zement bis zu einer Höhe von 3,5 cm hinein. Klopfen Sie den Becher leicht auf eine Unterlage, damit Luftblasen entweichen, und lassen Sie das Ganze über Nacht trocknen. Nehmen Sie den Zement aus der Form und ziehen Sie die Rolle aus Modelliermasse heraus.

3
Ermitteln Sie den größten Umfang des Zementsockels mit einer Schnur. Geben Sie 1,5 cm als Zugabe hinzu; dies ist die Stoffbreite. Die Höhe beträgt 37 cm. Verwenden Sie einen mit Hohlsaumstickerei verzierten Teil eines ausgedienten Bettlakens. Legen Sie den Stoff so vor sich hin, dass die Durchbrucharbeit oben waagerecht liegt, und legen Sie unten einen 2 cm breiten Saum nach hinten um. Falten Sie den Stoff so, dass der Saum auf der Vorderseite liegt, und nähen Sie 7 mm neben dem Rand über die gesamte Höhe eine Naht. Wenden Sie den Stoff.

4
Stellen Sie Wäscheetiketten mit Namen, Ziffern oder gestickten Monogrammen zusammen und nähen Sie sie mit Baumwollgarn in der Farbe des für die Leuchte verwendeten Stoffes auf. Befestigen Sie 1 cm über dem unteren Rand auf dem Saum mit der Ösenzange eine Öse. Leichter geht dies, wenn Sie zuvor mit Hilfe einer Stricknadel oder eines Vorstechers ein Loch vorstechen.

5
Kochen Sie eine Zuckerlösung: Geben Sie zehn Esslöffel Zucker und 300 ml Wasser in einen Topf. Langsam aufkochen, damit sich der Zucker löst. Schieben Sie die beiden Kunststofffolien aufgerollt in den Stoffschlauch und streichen Sie die Zuckerlösung mit dem Pinsel auf den Stoff.

6
Tupfen Sie überschüssige Zuckerlösung mit Küchenkrepp ab und trocknen Sie den Stoff fünf Minuten lang mit einem Föhn.

7
Ziehen Sie die Kunststofffolien wieder heraus. Sobald der Stoff steif wird, erzeugen Sie durch starkes Zusammenkneifen fünf vertikal verlaufende Falten. Wiederholen Sie diesen Vorgang gegebenenfalls mehrmals, bis deutlich sichtbare Falten entstanden sind.

8 und 9
Beginnen Sie mit der Montage der Fassung und führen Sie dann die Anschlussleitung in das Gewinderohr des Sockels. Schrauben Sie die Fassung auf dem Gewinderohr fest und führen Sie die Leitung durch die Öse aus der Leuchte heraus. Bauen Sie 70 cm hinter der Öse einen Schalter ein und montieren Sie dann einen Stecker an das Leitungsende. Schrauben Sie die Energiesparlampe in die Fassung.

Tipps
Verwenden Sie unbedingt eine Kompaktlampe. Da sie nur sehr wenig Hitze abgibt, kann man sie mit den bloßen Händen anfassen. Außerdem kann sich der Stoff nicht entzünden. Sie ist zwar teurer als eine klassische Glühlampe, hat aber eine wesentlich längere Lebensdauer und verbraucht weniger Energie.

Sie können alle möglichen Stoffarten verwenden und ihnen so zu einem zweiten Frühling verhelfen. Ob bestickt oder bedruckt, die Effekte sind stets interessant und die Lichtspiele überraschend. Eine Vorstellung vom Effekt, den Sie erzielen werden, bekommen Sie, wenn Sie den Stoff vorab gegen eine Lichtquelle halten.

1
2
3
4
325
D.H.
5
6
7
8
9

Kuchenleuchte

Diese aus einem Sieb und einem Kuchengitter gefertigte Beistellleuchte wird in der Küche zwischen Kasserollen und Schmortöpfen ihren Platz finden.

Material für die Leuchte

- Metallsieb, ∅ 12 cm
- Kuchenrost mit Füßen, ∅ ca. 15 cm
- 2 Metallschrauben, 3 × 16 mm
- 2 Muttern, 3 mm
- Farbspray in Orange
- Doppelring mit exzentrischem Ring, ∅ 12 cm

Elektromaterial

- Fassung E 27 mit Ring
- 2 verchromte Fassungshalterungen
- Anschlussleitung, 1,5 m
- Stecker
- Schalter

Werkzeug

- Elektriker-Schraubendreher
- Kombizange

Kuchenleuchte

1
Entfernen Sie den Griff des Siebes und biegen Sie den bereits eingeschnittenen Teilbereich des Siebrandes nach innen um.

2
Bauen Sie die Fassung auseinander und besprühen Sie den Doppelring sowie die drei Einzelteile außen mit Farbe. Lassen Sie die Teile trocknen.

3
Montieren Sie die Anschlussleitung an die Fassung.

4
Befestigen Sie die Fassung an einer der verchromten Halterungen.

5
Fügen Sie den Kuchenrost zwischen die beiden verchromten Halterungen, wobei die zweite Halterung umgekehrt auf die obere gesetzt wird.

6
Befestigen Sie das Ganze mit den Metallschrauben und Muttern.

7
Bauen Sie den Schalter ca. 30 cm hinter der Fassung und den Stecker am Ende der Anschlussleitung ein.

8
Befestigen Sie das Sieb am Doppelring, indem Sie das am Siebrand verbliebene Metallteil mit der Kombizange kräftig umbiegen.

1
2
3
4
5
6
7
8

Reiskugel

Ein einfaches Küchenutensil und eine Blechdose ergeben zusammen eine perfekte Leseleuchte. Man verändert das Licht, indem man die Reiskugel einfach nur öffnet oder schließt.

Material für die Leuchte

- verchromte Reiskugel aus Metall
- mit Reklame versehene Blechdose
- großer Kieselstein oder Stein
- extra große Unterlegscheibe, ∅ 25 mm, mit Gewinde, ∅ 10 mm
- Scheibennippel
- Epoxidharz-Klebstoff für Metall

Elektromaterial

- verchromte Fassung
- verchromter flexibler Metallschlauch
- Schalter
- Stecker
- textilummantelte Anschlussleitung, 1,5 m
- Zugentlastung
- Glühlampe

Werkzeug

- elektrische Bohrmaschine
- 10er-Metallbohrer
- Elektriker-Schraubendreher
- Abisolierzange

HELVETICA
HOMAGE TO A TYPEFACE
H
KUB
GARANTI PRODUIT FRANCAIS

Reiskugel

1
Bohren Sie mit der Bohrmaschine und dem 10er-Bohrer je ein Loch in die Deckelmitte und in eine Seite der Dose.

2
Durchbohren Sie den Deckel der Reiskugel mit dem gleichen Bohrer.

3
Bauen Sie die Fassung mit der Reiskugel und dem flexiblen Metallschlauch zusammen.
Führen Sie die Leitung in den Metallschlauch und klemmen Sie sie an die Fassung an.

4
Befestigen Sie den Metallschlauch auf dem Dosendeckel. Legen Sie dabei eine Unterlegscheibe zwischen die beiden Teile. Sie hält das Ganze zusammen mit dem Scheibennippel auf der Deckelinnenseite.

5
Führen Sie die Leitung in das zuvor in die Dosenseite gebohrte Loch und montieren Sie die Zugentlastung.

6
Bauen Sie etwa 30 cm hinter der Fassung den Schalter ein und montieren Sie den Stecker am Leitungsende.

7
Legen Sie zum Beschweren der Dose einen Kieselstein auf den Dosenboden und kleben Sie den Deckel mit Epoxidharz-Klebstoff auf die Dose. Setzen Sie die Glühlampe in die Fassung.

1

Verser
½ litre d'eau
bouillante

2

3

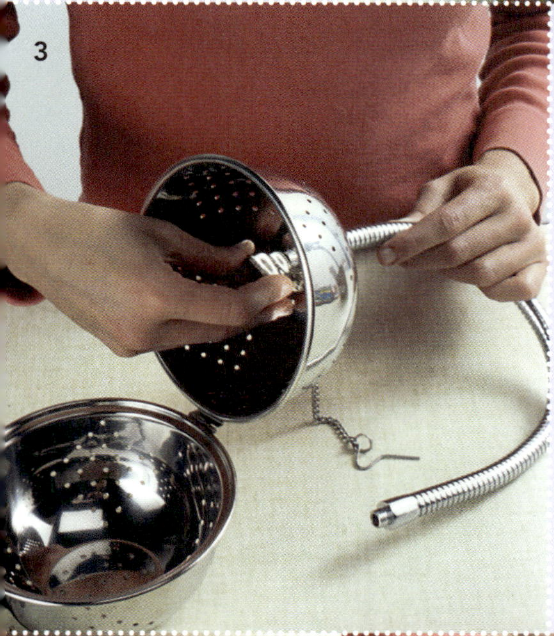

4

Verser
½ litre d'eau
bouillante
pour ½ Litre

5

6

7

KUB
GARANTI PRODUIT FRANÇAIS

Festbeleuchtung

Lüster für Bastler

Bronze-Kristall-Lüster

Diesen Lüster mit Ketten aus Kristallperlen fand man im Müll! Zur Betonung des «Diamantschmuck-Effekts» wurde auf eine Lichterkette mit 20 weißen Lämpchen zurückgegriffen, anstatt den Lüster mit klassischen Glühlampen zu bestücken. Das Licht ist so besonders stimmungsvoll.

Odiles Lüster

Einen solchen gedrechselten Lüster aus massivem Holz sieht man häufiger in rustikalen Speisezimmern. Komplett neu in Lila gestrichen und mit pastellfarbenen Glühlampen wirkt er völlig anders.
Kreation: Odile Bailloeul

Lüster mit blauem Behang

Dieser Lüster wurde in einem Trödelladen feilgeboten und war mit Plastikzylindern in Kerzenform versehen. An ihre Stelle wurden Messingfassungen mit einem Porzellankragen eingeschraubt und mit 15-Watt-Kühlschranklampen ausgerüstet, die mit Glasfarbe farbig gestaltet wurden.

Marokkanische Laterne aus Eisendraht

Um die Lichtquelle zu verstecken, wurde hier ein Stück gelbes Transparentpapier zugeschnitten und zwischen Schmiedeeisen und Glühlampe gelegt. So wird das Licht ganz besonders weich und das Leuchtmittel verdeckt.

Bronzelüster

Der für 'n Appel und 'n Ei im Trödelladen erstandene Lüster mit einer etwas zu klassischen Note zeigt sich, versehen mit etwas Farbe und Glühlampen in Kerzenform, von einer ganz jugendlichen Seite.

Material für die Leuchte

- antiker, mehrarmiger Lüster
- Acrylfarbe, satiniert

Elektromaterial

- Glühlampen, die wie echte Kerzen aussehen

Werkzeug

- Pinsel

Waschen Sie Ihren Lüster mit Hilfe einer Bürste und eines geeigneten Reinigungsmittels. Tragen Sie zwei Schichten Acrylfarbe auf und lassen Sie jede Schicht gründlich trocknen. Schrauben Sie die Glühlampen in die Fassungen

Tipp

Ist Ihr Lüster hinsichtlich der Elektrik in einem schlechten Zustand, tauschen Sie die Leitungen und Fassungen aus. Zunächst bauen Sie Leitung, Fassung etc. lediglich an einem der Arme aus und wenden sich an einen Fachhändler, um das richtige Ersatz-material zu beschaffen.
Der Leitungsdurchmesser und die Größe der Fassungen können von Modell zu Modell unterschiedlich sein. Wenn das gesamte elektrische System des Lüsters ausgetauscht werden muss, streichen Sie ihn, bevor Sie das neue Material einbauen.

Tulpenlüster

Ein paar elektrifizierte Tulpensträuße aus einem witzigen Geschenke-Shop und ein kleiner Zinkeimer sorgen zusammen für einen verblüffenden optischen Effekt.

Material für die Leuchte

- 2 elektrifizierte Tulpensträuße aus Kunststoff
- Zinkeimerchen
- starkes Klebeband
- Neusilberdraht (Argentan)
- 4 Metallschrauben, 3 × 16 mm
- 4 Muttern, 3 mm

Elektromaterial

- verchromte Metallfassung E 27 mit Ring
- Lüsterklemme
- weiße Anschlussleitung, 1 m
- Zugentlastung

Werkzeug

- Bleistift
- Elektriker-Schraubendreher
- Abisolierzange
- Seitenschneider
- elektrische Bohrmaschine
- 10er- und 3er-Metallbohrer

Schneiden Sie die Anschlussleitungen der Tulpensträuße über den Steckern ab. Schließen Sie die abisolierten Adern der Sträuße in Zweiergruppen an die Lüsterklemme an (pro Strauß jeweils eine abisolierte Ader in das gleiche Lüsterklemmenloch, wobei die beiden Löcher auf der gleichen Seite liegen). Schließen Sie die Anschlussleitung an die gegenüberliegenden Löcher der Lüsterklemme an. Binden Sie die Sträuße mit Klebeband fest zusammen. Bohren Sie mit dem 10er-Metallbohrer in die Mitte des Eimerbodens ein Loch. Setzen Sie die Fassung umgekehrt auf den äußeren Eimerboden und zeichnen Sie mit dem Bleistift in vier der sechs kleinen Löcher des Rings Markierungen, wobei sich die beiden letzten, unmarkierten Löcher diametral gegenüberliegen. Bohren Sie mit dem 3er-Bohrer Löcher in die Markierungen. Nehmen Sie den Einsatz (das Teil im Inneren der Fassung, an das die Leitung angeschlossen wird) aus der Fassung und befestigen Sie die Fassung mit den Metallschrauben und Muttern so am Eimerboden, dass die Muttern im Eimerinneren verschwinden. Schrauben Sie die Fassung vom Ring ab.

Umwickeln Sie den Strauß mit Neusilberdraht. Führen Sie den Draht auch zwischen den Stielen durch. Führen Sie die beiden Drahtenden zum Schluss durch das große Loch im Eimerboden nach außen. Schieben Sie sie durch die kleinen Löcher des Fassungsrings, in die Sie keine Metallschrauben geschraubt haben, und schrauben Sie den Ring fest auf. Schrauben Sie das Gehäuse und den Sockel der Fassung wieder auf den Ring und führen Sie die Leitung durch den Sockel hinaus. Zum Schluss schrauben Sie eine Zugentlastung auf.

Die Nebulöse

Bringt man die mundgeblasenen, kurzlebigen Glaskugeln in ein anderes Umfeld, verwandeln sie sich in eine absolut originelle Hängeleuchte. Das von den in der Leuchte versteckten Glühlampen gestreute Licht spiegelt sich im Glas und verstärkt den Effekt von Transparenz und Fragilität. Diese Leuchte bietet uns auch eine Gelegenheit, drei Glühlampen parallel zu schalten.

Material für die Leuchte

- sehr dünner Eisendraht, ∅ 0,25 mm
- 7 Glaskugeln zum Aufhängen, ∅ 12 cm
- 12 Glaskugeln zum Aufhängen, ∅ 6 cm
- 20 Glaskugeln zum Aufhängen, ∅ 4 cm
- 6 Glaskugeln zum Aufhängen, ∅ 2 cm

Elektromaterial

- textilummantelte, weiße Anschlussleitung, 3 m
- 3 weiße Kunststofffassungen E 27
- 3 weiße Nylon-Zugentlastungen
- 3 Glühlampen E 27, 40 Watt, klar
- Lüsterklemme
- verdrillter Metalldraht, ∅ 0,18 mm, 1,4 m
- Zugentlastung (passend zum verdrillten Metalldraht)

Werkzeug

- Seitenschneider
- Abisolierzange
- kleiner, flacher Schraubendreher

Die Nebulöse

1

Bereiten Sie drei Leitungsstücke vor, die sich in der Länge jeweils um 5 cm voneinander unterscheiden. Führen Sie die einzelnen Leitungsstücke zunächst in die aufgeschraubte Zugentlastung und dann in jeden Fassungssockel. Isolieren Sie jede Ader ab und verdrillen Sie die Kupferenden. Schieben Sie jede abisolierte Ader an jeder Fassung in eine Klemme. Schrauben Sie zuerst die Zugentlastung und dann von jeder Fassung das Gehäuse fest und setzen Sie zuletzt die Glühlampen ein.

2

Verbinden Sie die freien Enden der drei Anschlussleitungen. Verdrillen Sie die abisolierten Adern nach Farbgruppen. Befestigen Sie sie jeweils in einer Klemme der Lüsterklemme. Ziehen Sie die Schrauben gut fest, damit das Ganze stabil ist.

3

Legen Sie den 1,4 m langen, verdrillten Metalldraht doppelt. Verbinden Sie die beiden Enden durch Einsetzen einer Zugentlastung und schrauben Sie diese fest. Platzieren Sie sie in der Nähe einer Lüsterklemme, damit sie nicht sichtbar ist. Die Schlaufe, die der verdrillte Metalldraht bildet, muss sich in der Höhe der obersten Fassung befinden. Ein großer Teil der Glaskugeln hängt an dieser Schlaufe.

4

Hängen Sie die Leitungskonstruktion in der Höhe der Zugentlastung auf: Machen Sie eine provisorische Befestigung an der Decke aus einem Stück dicken Eisendraht oder dem Haken eines Kleiderbügels und einer Schnur. Bereiten Sie aus sehr feinem Eisendraht etwa ein Dutzend rund 15 bis 20 cm lange Stücke vor.
Die Glaskugeln sollten nicht aneinanderstoßen. Führen Sie ein Ende des Eisendrahts in den Glasring einer 12er-Kugel und verdrillen Sie ihn fünf- bis sechsmal. Binden Sie das andere Ende an die Schlaufe des verdrillten Metalldrahts. Verwenden Sie beim Befestigen der großen Kugeln verschieden lange Eisendrahtstücke.

5

Die großen Glaskugeln bilden das «Gerüst». Ergänzen Sie es zunächst mit 6er-Kugeln und dann mit 4er-Kugeln. Befestigen Sie diese wie bereits beschrieben an der Schlaufe des verdrillten Metalldrahts. Verdecken Sie die Aufhängedrähte dadurch, dass Sie sie nach innen schieben.

6

Zum Schluss befestigen Sie die kleinen Glaskugeln mit 2 cm Durchmesser. Rücken Sie die Zusammenstellung etwas zurecht. Damit die Leuchte wirkt, dürfen die Aufhängedrähte nicht sichtbar sein. Ordnen Sie sie so an, dass die Kugeln übereinanderhängen. Die drei Glühlampen sollten in der Mitte hängen.

7 und 8

Damit nur eine einzige Leitung sichtbar ist, umwickeln Sie die drei Anschlussleitungen und den verdrillten Metalldraht locker mit sehr feinem Eisendraht. Wickeln Sie das Ende kurz über der Zugentlastung mehrmals um den verdrillten Metalldraht. Wickeln Sie den Eisendraht gleichmäßig spiralförmig ab. Achten Sie darauf, dass dabei alle Leitungen gerade liegen. Zum Schluss verdrillen Sie ihn etwa 5 cm über der obersten Fassung und schneiden ihn dann ab.

Tipp

Die Aufhängung des «Gerüsts» erfolgt mittels eines verdrillten Metalldrahtes, an dessen oberem Ende sich eine Zugentlastung befindet. Befestigen Sie dieses Ende an einem stabil in der Decke angebrachten Haken. Mit einem (konischen) Baldachin können Sie diese Konstruktion verdecken.

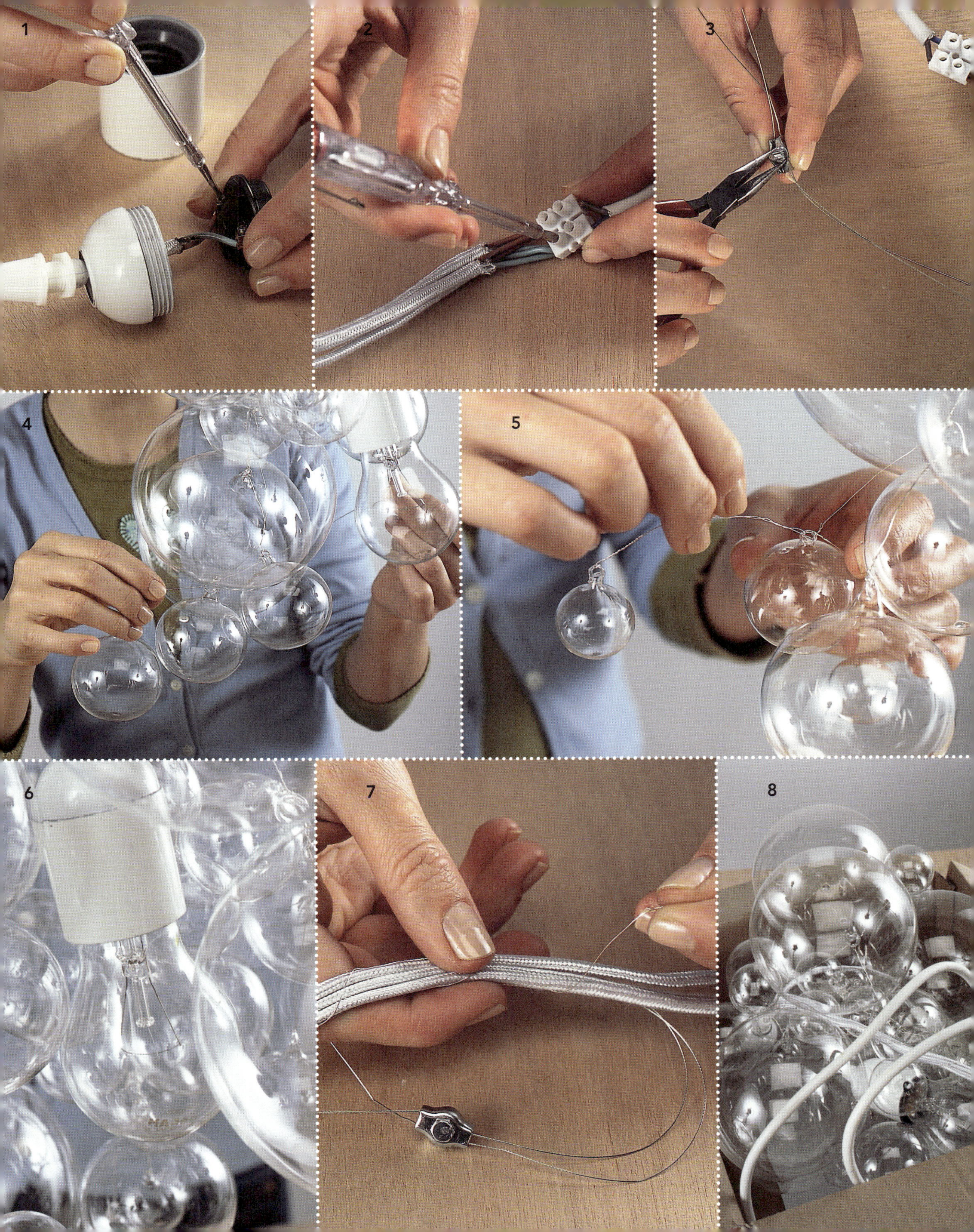
1
2
3
4
5
6
7
8

Lüster mit Behang

Man braucht keinen Zauberstab, um in einem Raum eine erhabene Atmosphäre zu erzeugen. Die Glastropfen funkeln in tausend Lichtern, werden von den Wänden widergespiegelt und verändern die persönliche Wahrnehmung des Raumes.

Material für die Leuchte

- Material für die Leuchte
- 3 Kupfer-Einfachringe, ∅ 10 cm, 20 cm und 30 cm
- Kupfer-Doppelring, ∅ 25 cm, mit exzentrischem Ring
- 12 Stiele Blumendraht, 150 × 1,5 mm (gerader, fester Eisendraht)
- dünner Eisendraht, ∅ 0,25 mm
- Auffädelhaken, 30 × 1,5 mm
- Glasbehang, transparent:
- Behangkette aus Achtecken, 6,5 m; 28 Zapfen, 7,5 × 1,5 cm; 12 Anhänger in stilisierter Blattform, 6,5 × 1 cm; 4 Tropfen, 5 × 3 cm; 4 Rosetten, ∅ 2 cm; 4 Perlen, ∅ 4 mm
- Farbspray in Silber

Elektromaterial

- versilberte Metallfassung E 27 mit Ring
- schwarze oder weiße Zugentlastung
- gedrehte, textilummantelte, silberne Anschlussleitung, 1,5 m
- Lüsterklemme
- Glühlampe, 60 Watt, silberner Kopfspiegel

Werkzeug

- flache Spitzzange
- Seitenschneider
- Abisolierzange
- kleiner, flacher Schraubendreher

Lüster mit Behang

1
Verbinden Sie die Einfachringe mit Hilfe des Blumendrahts. Biegen Sie die Stielenden hakenförmig um die Ringe. Befestigen Sie den Ring mit 30 cm Durchmesser unter dem Doppelring. Darunter bringen Sie den Ring mit 20 cm Durchmesser an. Zuunterst befestigen Sie den Ring mit 10 cm Durchmesser. Verteilen Sie zwischen zwei Ringen jeweils vier Stiele Blumendraht gleichmäßig. Biegen Sie die Stielenden fest um.

2
Besprühen Sie das Gestell mit zwei Schichten Silberfarbe. Lassen Sie die Farbe trocknen, bevor Sie die zweite Schicht aufsprühen.

3
Isolieren Sie die beiden Leitungsenden ab. Verdrillen Sie die Kupferlitzen und setzen Sie dann auf das eine Leitungsende eine Lüsterklemme und auf das andere Leitungsende eine mit einer Zugentlastung versehene Fassung. Schrauben Sie nun den Ring der Fassung ab, schieben Sie den Doppelring des Lüstergestells auf und schrauben Sie den Ring wieder auf. Hängen Sie das Gestell zum Behängen auf.

4
Die 28 Zapfen befestigen Sie mit Auffädelhaken am unteren Ring. Schieben Sie den Haken durch das Aufhängeloch des Zapfens. Biegen Sie das andere Ende einmal um den Ring und schneiden Sie dann den Metalldraht ab. Falls Sie keine Metallhaken haben, verwenden Sie dünnen Eisendraht. Diesen führen Sie erst durch das Loch im Zapfen, verdrillen ihn mehrmals, schlingen ihn zweimal um den Lüsterring und verdrillen ihn erneut. Abschneiden. Verteilen Sie die Zapfen gleichmäßig um den Lüsterring.

5 und 6
Befestigen Sie die Achteckkette wie folgt auf dem Gestell: Wickeln Sie dünnen Eisendraht um die Vertikalstange und binden Sie ihn um das erste Achteck der Behangkette. Arbeiten Sie sich um alle Metallringe herum und verkleiden Sie diese vollständig mit der Behangkette. Binden Sie die Kette in regelmäßigen Abständen mit Eisendrahtstückchen an die Ringe. Verfahren Sie an den Vertikalstangen ebenso. Achten Sie dabei darauf, die Ketten in allen vier Himmelsrichtungen gleichmäßig auszurichten. Bereiten Sie vier Kettenstücke bestehend aus 14 Achtecken vor. Hängen Sie diese zwischen zwei Vertikalen an den obersten Ring des Lüstergestells. Verfahren Sie am zweiten Ring von unten ebenso: Hängen Sie vier weitere Kettenstücke von jeweils neun Achtecken daran.

7
Befestigen Sie am obersten Ring des Lüstergestells mittels Auffädelhaken in gleichen Abständen vier Tropfen. Setzen Sie diesen Behang mittig an die breiteste Stelle des Zwischenraums, der zwischen den beiden Behangketten entstanden ist.

8 und 9
Die im Folgenden beschriebene Montage wiederholen Sie nun zwölfmal: Verbinden Sie mit Hilfe einer Auffädelnadel je einen Anhänger in Blattform und ein Achteck. Anschließend verbinden Sie das Achteck mit einer Rosette, die in der Mitte mit einer Perle geschmückt wird, und bringen ein Stück Eisendraht an. Verteilen Sie die fertigen Behänge auf dem zweiten Ring von oben.
Setzen Sie die Glühlampe ein.

Tipps
Schöne Effekte erzielen Sie, wenn Sie den Behang schräg und mit dem Schliff zur Lichtquelle gerichtet anbringen.

Reinigen Sie den Behang mit warmer Seifenlauge, der Sie pro Liter Wasser eine Verschlusskappe weißen Essig beifügen. Mit klarem Wasser abspülen und mit einem weichen Lappen trocken wischen.

1
2
4
5
6
7
8
9

Licht

für Kinder

Ideen

Fläschchenlampe

Sie benötigen ein Babyfläschchen aus Kunststoff, eine Fassung E14, eine Anschlussleitung, einen Schalter, einen Stecker, eine Zugentlastung, eine kleine Glühlampe E14 mit maximal 25 Watt, Gips, Modelliermasse und eine Bohrmaschine mit 8er-Bohrer. Bohren Sie kurz über dem Fläschchenboden in eine Seite ein Loch. Montieren Sie die Leitung an der Fassung und setzen Sie die Zugentlastung auf das Loch. Fixieren Sie die Fassung mit Modelliermasse im Fläschchenring. Das Loch der Fassung sollte sich zentriert unter dem Fläschchenloch befinden. Führen Sie die Anschlussleitung in das Fläschchen und lassen Sie sie durch die Zugentlastung wieder herauskommen. Dichten Sie die Zugentlastung rundherum mit Modelliermasse ab. Befüllen Sie das Fläschchen mit halbflüssigem Gips. Lassen Sie den Gips trocknen. Entfernen Sie die Modelliermasse. Montieren Sie den Stecker und den Schalter an die Anschlussleitung. Setzen Sie eine Glühlampe ein.

Dekorierte Glühlampen

Glühlampen lassen sich tausendfach verzieren. Man bestreicht sie mit transparentem Silikon und klebt wärmebeständige Materialien wie Glasperlen, Cabochons, allerlei Metallteilchen usw. auf. Streichen Sie das Silikon direkt auf die Glühlampe oder das Dekomaterial, das Sie aufkleben möchten. Wischen Sie überschüssiges Silikon mit einem Lappen oder Küchenkrepp ab. Drücken Sie das Dekoteilchen leicht an und lassen Sie es dann etwa eine Nacht trocknen. Die Verklebung ist elastisch und dennoch fest, vorausgesetzt, dass die Klebeflächen sauber und trocken sind.

1. Fräulein Lampe: Glühlampe mit Scoubidous und Glascabochons
2. Glühlampe, verziert mit bunten Glascabochons
3. Glühlampe, dekoriert mit 46 Metallscheibchen in der Größe 15×5 mm
4. Mit Silberreflex-Glasperlenstäbchen geschmückte Glühlampe

Rosa Boa

Eine Federboa, etwas Lüsterbehang und ein neuer Anstrich für den Lampenfuß: Diese Leuchte bezaubert kleine Mädchen – und große ebenso.
Sie benötigen einen Lampenfuß aus Holz, eine Gewindestange, eine Fassung mit Ring, ein Anschlussset (Leitung, Stecker etc.), einen Lampenschirm aus Papier oder Stoff, rosafarbene Acrylfarbe, eine Klebepistole, eine Schere, eine rosafarbene Federboa und einen Lüsterbehang aus Kunststoff.
Streichen Sie den Lampenfuß zweimal mit rosafarbener Acrylfarbe. Lassen Sie ihn trocknen. Schrauben Sie die Gewindestange mit der darauf montierten Fassung auf den Lampenfuß. Verbinden Sie die Fassung mit der mit dem Stecker versehenen Anschlussleitung.
Legen Sie die Federboa um den Lampenschirm, kleben Sie sie mit Kleber fest, den Sie hier und da mit der Pistole aufbringen. Stechen Sie mit der Schere kleine Löcher in den unteren Lampenschirmrand und hängen Sie den Lüsterbehang ein.

OSRAM
CE

SAFETY ON BOARD A330
fluff

Ideen

Papierwürfelgirlande

Eine witzige Girlande aus Origami-Papier. Im Kinderzimmer aufgehängt, wirken die Leuchtwürfel ähnlich wie kleine Lampions, die im Freien verwendet werden. Die Arbeitsanleitung finden Sie auf Seite 140.

Bauklötzchenturm

Die Würfeloberseiten werden einfach nur mittig durchbohrt. Dann fädelt man die Würfel auf ein Gewinderohr. Muttern verhindern, dass die Teile verrutschen. Eine 15-Watt-Minikerzenlampe E 14 wird in die Fassung gedreht, die sich im kleinsten Bauklotz versteckt und ebenfalls auf das Gewinderohr geschraubt wurde. Der lochförmige Leitungsdurchgang befindet sich auf einer Seite des untersten Bauklotzes.

Überraschungsgirlande

Die Plastikdöschen aus den Schokoladen-Überraschungseiern sind wieder einmal für eine Überraschung gut. Bohren Sie jeweils mit einem Holzbohrer im Durchmesser der Girlanden-Fassungen ein Loch in das Döschen und befestigen Sie die Döschen auf den Fassungen.

Nachtlicht Katze

Lassen Sie ein Plastikspielzeug aus den 1950er-Jahren mit einer 15-Watt-Glühlampe leuchten und fertig ist ein lustiges Schlummerlicht.

Reineke Fuchs

Mit dem Fuchskopf auf der Lampe hält schwuppdiwupp der Schalk Einzug ins Zimmer.

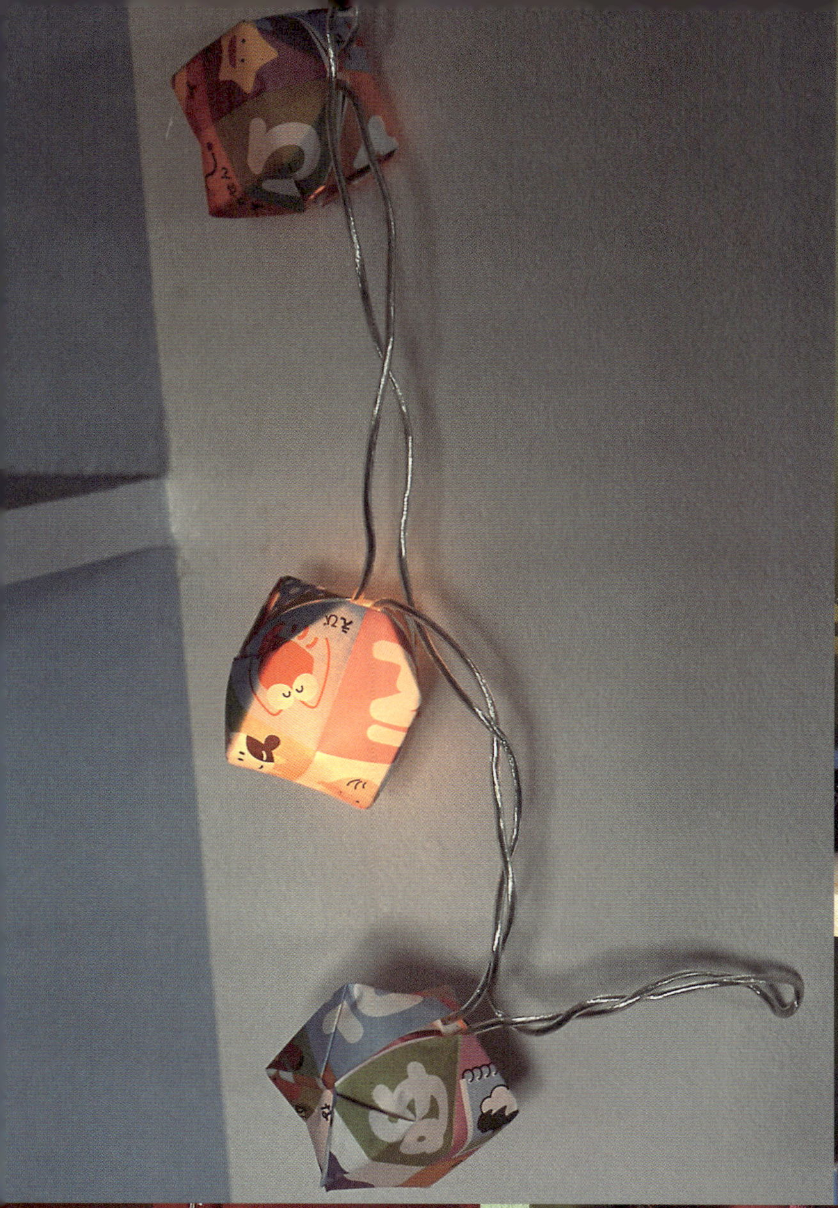

KIMIKO
Le Saux

Federballgirlande

Wenn es darum geht, eine freie Wandfläche zu erhellen, ist nichts so wirkungsvoll wie eine hübsche kleine Lichterkette – und das funktioniert sogar in einem kleinen Raum. Hier wurde sie mit fantasievoll in Szene gesetzten, ausgedienten Federbällen geschmückt.

Material für die Girlande

- 20 Kunststofffederbälle

Elektromaterial

- Lichterkette

Werkzeug

- Vorstecher
- Pinsel mit bauchigem Schaft, ∅ max. 1,2 cm
- Cutter

Durchbohren Sie die Federballkappen wie folgt: Nehmen Sie die aufgesteckte Kappe ab. Bohren Sie mit dem Vorstecher ein Loch in die Spitze. Schneiden Sie mit dem Cutter ausgehend von diesem Loch strahlenförmig einen Stern mit sechs Zacken.
Sollte sich innerhalb der Kappe ein Gummiwulst befinden, schneiden Sie ihn weg.
Bohren Sie in die Mitte der flachen Unterseite des Korpus ein weiteres Loch.
Vergrößern Sie die Löcher durch Aufstecken auf den Pinselschaft bis zu der Stelle, an der sein Durchmesser etwas größer ist als der Durchmesser der Lichterkettenfassungen.
Stecken Sie die beiden Federballteile auf jedes Lämpchen, und zwar zuerst die Kappe und dann den Korpus. Setzen Sie alle Teile zusammen.

Das Katzen-Schattenspiel

Inspiriert von einer Vogelscheuche in Katzenform aus dem Gemüsegarten, entstand diese Wandleuchte, die nun ein Schattenspiel aufführt. Zwar bewacht die Katze in unserem Fall keine Kirschen, jedoch den Schlaf unserer kleinen Engel.

Material für die Leuchte

- Bogen Holzpappe, 3 mm stark
- Holzleiste, 23 × 5,5 × 2 cm
- Acrylfarbe in Schwarz, matt
- Glasmurmeln
- 2 Befestigungswinkel
- Pauspapier
- Filzstift in Schwarz
- Holzschrauben

Elektromaterial

- Fassung E 27
- textilummantelte, schwarze Anschlussleitung, 1,5 m
- Stecker
- Schalter

Werkzeug

- Elektriker-Schraubendreher
- Schraubendreher
- Abisolierzange
- elektrische Bohrmaschine
- 8er-Holzbohrer
- Lochstanzer Nr. 14
- Hammer
- Cutter
- Pinsel

MiAOU

Das Katzen-Schattenspiel

1
Übertragen Sie die Katzenschablone von Seite 138 mit Hilfe von schwarzem Filzstift und Pauspapier auf die Holzpappe und schneiden Sie sie mit dem Cutter aus.

2
Stanzen Sie mit dem 14er-Lochstanzer die beiden Löcher für die Katzenaugen aus.

3
Schrauben Sie die Katzensilhouette mit Holzschrauben auf die Holzleiste. Bohren Sie nun mit der elektrischen Bohrmaschine mittig (bezogen auf die Länge und Breite der Leiste) ein Loch.

4
Streichen Sie alle Flächen der Leiste und der Katze zweimal mit schwarzer matter Acrylfarbe.

5
Schließen Sie die Anschlussleitung an die Fassung an.

6
Befestigen Sie die Fassung über dem Loch in der Mitte der Leiste und führen Sie die Leitung durch dieses Loch.

7
Montieren Sie den Schalter etwa 30 cm von der Fassung entfernt und den Stecker am Leitungsende.

8
Schrauben Sie die Befestigungswinkel an die Leistenrückseite und drücken Sie die Glasmurmeln in die mit dem Lochstanzer bereits gestanzten Löcher.

1
2
3
4
5
6
7
8

Das freundliche Gespenst

LEDs sind kleine Leuchtdioden, die in der Elektronik eine sehr wichtige Rolle spielen. Ihrer ursprünglichen Funktion entledigt, sorgen sie für Stimmung bei den kleinen Skulpturen, die schnell aus Eisendraht gemacht sind.

Material für die Leuchte

- Silberdraht, ∅ 1 mm (Sie können einen Metalldraht Ihrer Wahl verwenden, vorausgesetzt er ist nicht ummantelt.)
- Holzstäbchen, beispielsweise von einem Speiseeis
- Holzbrett

Elektromaterial

- 5 LEDs, ∅ 5 mm, mit hoher Lichtstärke (2 gelbe und 3 rote)
- 9-Volt-Blockbatterie
- Batteriekupplung (erhältlich im Elektronik-Fachhandel)

Werkzeug

- Feinmechaniker-Lötkolben (erhältlich im Elektronik-Fachhandel)
- Lötdraht, ∅ 0,8 mm
- flache Spitzzange
- kleiner Seitenschneider

Das freundliche Gespenst

1
Biegen Sie den Silberdraht mit Hilfe der Schablone von Seite 139: Schneiden Sie ein Drahtstück zu und formen Sie es mit der Spitzzange. Ignorieren Sie die auf der Schablone eingezeichneten Lücken; sie geben an, wo die LEDs später platziert werden. Geben Sie an beiden Drahtenden einige Zentimeter als Zugabe.

2
Die LEDs haben auf der Unterseite des Glaszylinders eine abgeflachte Stelle. Die Abflachung zeigt an, auf welcher Seite sich der Minuspol befindet. Der andere Metallstift ist der Pluspol. Achten Sie vor dem Biegen und Verlöten darauf, dass jede LED in die richtige Richtung zeigt. Biegen Sie sie rechtwinklig und schneiden Sie dann die Stifte in den auf der Schablone markierten Längen zu.

3
Nehmen Sie das Kupplungsstück von der Batteriekupplung ab. Mit diesem Teil, von dem Sie die Drähte abnehmen und das Sie möglichst kurz vor dem Metallteil abschneiden, befestigen Sie die Skulptur später auf der Batterie. Dazu löten Sie den auf der Schablone links eingezeichneten Metalldraht (Pluspol) an das Kupplungsstück. Die Elektrodrähte entfernen Sie, indem Sie den heißen Lötkolben auf die vorhandene Lötstelle halten.

4
Schalten Sie den Lötkolben ein und legen Sie ihn auf ein Holzbrett. Setzen Sie die abgelängten LEDs auf die Drahtsilhouette. Platzieren Sie den Pluspol an der richtigen Stelle und den Glaskörper so, dass er nach oben zeigt. Schneiden Sie an jeder LED 3 mm aus der Drahtkontur heraus. Geben Sie sehr wenig Lötzinn auf alle zu verlötenden Enden. Bringen Sie sie mit Hilfe eines Holzstäbchens zusammen und schmelzen Sie das aufgebrachte Lötmittel, indem Sie die Kolbenspitze daran halten. Eventuell noch etwas Lötzinn auf die Kontaktstellen geben. Solange das Metall heiß ist, sollten Sie die Konstruktion nicht bewegen. Wiederholen Sie den Vorgang an jeder LED.

5
Stecken Sie den linken Fuß der Skulptur in das Kupplungsstück, von dem die Elektrodrähte abgetrennt wurden. Stecken Sie den Fuß nur 3 mm tief hinein, damit die Clipverbindung nicht beschädigt wird. Geben Sie Lötdraht auf die Stelle und löten Sie das Ganze großzügig zusammen. An das andere Ende löten Sie eine Lötkugel von 3 mm Durchmesser, die Sie dadurch erhalten, dass Sie mehrere Zentimeter Lötdraht schmelzen.

6
Stecken Sie den linken Fuß der Skulptur auf den Pluspol der 9-Volt-Blockbatterie. Stellen Sie den Kontakt her, indem Sie den rechten, mit der Lötkugel versehenen Fuß in den Minuspol der Batterie stecken: Die LEDs leuchten.

7
Zum Ausschalten ziehen Sie den rechten Fuß vorsichtig wieder heraus und legen ihn auf dem Rand der Batterie ab.

Tipps
Die LEDs können durchbrennen, wenn zu wenige mit der Batterie in Kontakt gebracht werden.

Legen Sie den Lötkolben nie mit der Spitze auf dem Holzbrett ab, das Ihren Arbeitsplatz schützt: Es würde zu brennen beginnen. Legen Sie den Lötkolben stabil horizontal ab, wenn Sie ihn nicht benötigen, und ziehen Sie den Stecker heraus, sobald Sie fertig gelötet haben.

Lötmittel setzt giftige Bleidämpfe frei. Arbeiten Sie daher in einem gut belüfteten Raum.

1
2
3
5
6
7

Wandleuchten und Co.

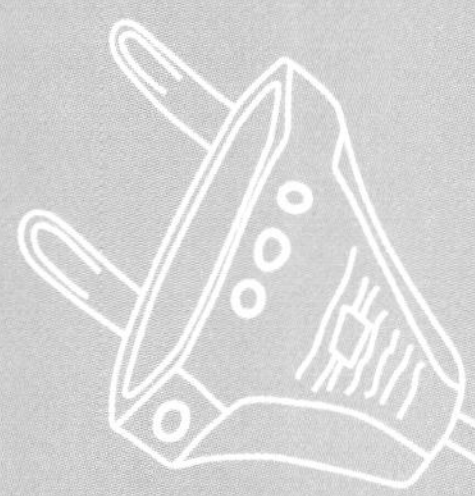

Wandleuchten, Designerobjekte

Diese Unikate entstanden durch die sehr geradlinige und poetische Kombination von Metallteilen, buntem Allerlei und sogar einer Holzfigur.

1 Wandleuchte Baby-foot
Kreation: Rié Yagura, Holz und Metall

2 Wandleuchte Cysoi
Kreation: Angèle Riguidel, 2003
Aluminium und Luftkammerfolie

3 Wandleuchte Appliture
Kreation: Angèle Riguidel, 2003
Zink und Glas

4 Wandleuchte RAC
Kreation: Angèle Riguidel, 2003
Galvanisiertes Metall und Glas

5 Ganz einfach
Für Liebhaber des Einfachen, eine Fassung, eine Glühlampe und eine hübsche textilummantelte Leitung... Aber Achtung! Nicht irgendeine Fassung, irgendeine Glühlampe oder irgendeine Leitung!

6 Daguerreotypien
Kreation: Laurent Baudonnet
Eine Leuchtstofflampe in einer Weißblechdose erleuchtet die zwischen zwei Metallschienen gehaltenen Daguerreotypien. Ein Bogen Transparentpapier streut das Licht und verdeckt die Lichtquelle.

1

2

3

4

5

Duschkopfleuchte

Eine originelle Wandleuchte «im Auf und Nieder» dank des nach Belieben geknoteten Kunststoffschlauchs. So eine kleine Lichtdusche lässt sich beispielsweise über dem Spülbecken installieren.

Material für die Leuchte

- Metallsieb, ∅ ca. 15 cm
- transluzenter Kunststoffschlauch, ∅ 11 mm, 1 m lang
- Pappröhre, ca. 5 cm lang, 8 cm breit
- Pappscheibe, ∅ der Pappröhre entsprechend
- gummiertes Kraftpapier
- Kraftpapier
- Farbspray in Silber
- Sprühkleber

Elektromaterial

- verchromte Fassung
- Gewinderohr, 20 mm lang
- verchromter Reduziernippel
- Verbindermuffe, 20 mm lang
- textilummantelte, schwarze Anschlussleitung, 1,20 m

Werkzeug

- Elektriker-Schraubendreher
- Abisolierzange
- elektrische Bohrmaschine
- 10er-Metallbohrer
- Locheisen Nr. 14
- Hammer
- Cutter
- Schere

HANDLE
WITH
CARE

Duschkopfleuchte

1
Bohren Sie in das Sieb mittig ein Loch.

2
Setzen Sie die Fassung auf das Gewinderohr und montieren Sie die Anschlussleitung.

3
Führen Sie die Leitung durch das Sieb in die Verbindermuffe, den Reduziernippel und den Schlauch. Bauen Sie alles durch Verschrauben der Muffen auf dem Gewinderohr zusammen. Stecken Sie den Schlauch in den Reduziernippel.

4
Kleben Sie die Pappscheibe mit gummiertem Kraftpapier auf die Pappröhre.

5
Bekleben Sie den so gefertigten Baldachin mit Kraftpapier, das Sie mit Sprühkleber fixieren.

6
Stanzen Sie mit dem Locheisen in die Mitte des Baldachins ein Loch.

7
Besprühen Sie den Baldachin gleichmäßig mit Silberfarbe.

8
Schieben Sie die Anschlussleitung und den Schlauch durch das Loch im Baldachin und schließen Sie Ihre Leuchte an der Wand an.

1

2

3

4

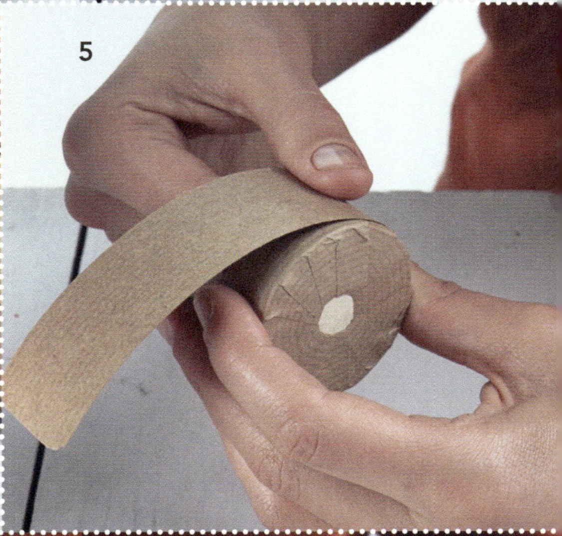
5

6

7

8

«Auf Sendung»

Ungewöhnliche Liaison zwischen einem Abstreifgitter aus dem Malerbedarf und einer Lichterkette – diese Leuchte belebt eine freie Wandfläche oder erhellt einen etwas zu dunklen Flur.

Material für die Leuchte

- 4 Sperrholzplatten, 19 mm stark, 20 × 5 cm
- Abstreifgitter
- großer Bogen starkes, rotes Papier
- Pappe, 2 mm stark, 20 × 20 cm
- kleine Nägel
- 8 Holzschrauben, 35 mm
- großer Nagel
- 4 verchromte Holzschrauben, 10 mm
- Sprühkleber
- Holzleim

Elektromaterial

- verchromte Fassung
- verchromter Reduziernippel
- silbernes Anschlussset
- weiße Lichterkette mit runden Lämpchen
- Lüsterklemme
- rote Glühlampe

Werkzeug

- Elektriker-Schraubendreher
- Schraubendreher
- Abisolierzange
- Hammer
- elektrische Bohrmaschine
- 8er-Holzbohrer

«Auf Sendung»

1
Setzen Sie die vier Sperrholzplatten mit Holzleim und den 35-mm-Schrauben zu einem Rahmen zusammen.

2
Besprühen Sie alle Außenflächen der zusammengebauten Holzplatten mit Sprühkleber und bekleben Sie diese Flächen sowie eine der offenen Seiten mit dem roten Papier. Schlagen Sie das Papier nach hinten um.

3
Schlagen Sie mit dem Hammer und dem großen Nagel Löcher in die Ecken des Abstreifgitters und besprühen Sie seine Rückseite mit Sprühkleber. Befestigen Sie das Abstreifgitter mit den verchromten Schrauben auf der Frontseite des Kastens.

4
Bohren Sie mit der elektrischen Bohrmaschine mittig ein Loch in eine der Schmalseiten des Kastens. Führen Sie anschließend die Anschlussleitung aus dem Anschlussset hindurch.

5
Stechen Sie mit dem Schraubendreher in gleichmäßigen Abständen in die Löcher des Abstreifgitters, um das rote Papier zu durchbohren. Dort hinein schieben Sie die Lämpchen der Lichterkette, die Sie hierfür aus ihren Anschlussstöpseln nehmen und danach jeweils wieder einsetzen.

6
Befestigen Sie die Fassung in der Mitte des Abstreifgitters, sie wird mit dem im Kasteninneren befindlichen Reduziernippel gehalten.

7
Schneiden Sie den Stecker mit einem Stück Leitung an jeder Seite von der Lichterkette ab und schließen Sie die Adern der Lichterkette an die Lüsterklemme an. Demontieren Sie den Stecker von dem kurzen Leitungsstück. Verbinden Sie mit den so frei werdenden Adern die Anschlussklemmen der Fassung mit der Seite der Lüsterklemme, an die Sie soeben die Lichterkette angeschlossen haben.

8
Montieren Sie nun auf der anderen Seite der Lüsterklemme die beiden Adern der silbernen Anschlussleitung aus dem Anschlussset. Schließen Sie den Kastenboden mit der 2 mm starken Pappe. Sie wird mit Nägeln an den vier Ecken befestigt. Setzen Sie die rote Glühlampe in die Fassung ein.

ARTOS

3

4

6

7

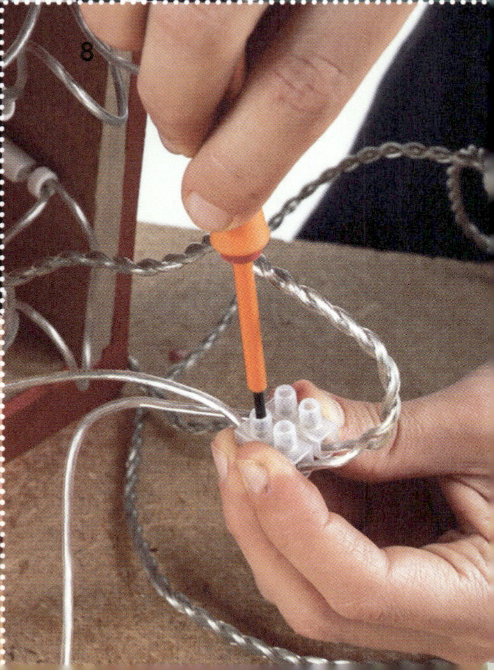
8

Zur Erinnerung

Zwischen zwei Diaabenden zerrinnen manchmal Jahre. Und dabei möchte man die in ihren Magazinen schlummernden Bilder doch gerne viel öfter sehen.
Die Erinnerungsleuchte entstand aus dem Wunsch, unvergessliche Momente jeden Tag aufs Neue zu erleben.

Material für die Leuchte

- 2 identische Holzrahmen für Fotos, 3,5 cm stark, 18 × 24 cm, jeweils mit Glasscheibe, 17 × 23 cm
- Farbspray in Silber
- 2 verchromte Scharniere, 30 × 50 mm, mit passenden Schrauben
- PVC-Kleber
- Diahülle mit Einsteckfächern für 12 Dias
- 12 Dias
- Sprühkleber
- Transparentpapier, 90 g, 17 × 23 cm
- transparente Kunststofffolie, 17 × 23 cm
- Aluminiumfolie
- feines Schleifpapier

Elektromaterial

- Flexlichtschlauch, ∅ 1,3 cm, 2 m lang und dazugehöriges Leitungsset mit fertig montierter Anschlussschnur, Steckverbinder und Aderendhülse
- Stecker

Werkzeug

- elektrische Bohrmaschine
- 10er-Holzbohrer
- 4 kleine Nägel
- Hammer
- Klebepistole
- kleiner Kreuzschlitz-Schraubendreher
- kleiner, flacher Schraubendreher

Zur Erinnerung

1
Nehmen Sie die beiden Holzrahmen auseinander. Schleifen Sie die Oberflächen.

2
Schneiden Sie den Bogen Transparentpapier, die Kunststofffolie sowie die zwölf Einsteckfächer aus der Diahülle den Abmessungen der Glasscheibe entsprechend zu. Bei Letzteren belassen Sie rundherum einen gleichmäßigen Rand. Kleben Sie die Diahüllen mit Sprühkleber auf die Kunststofffolie.

3
Ermitteln Sie auf der unteren Innenfläche eines der Holzrahmen den Mittelpunkt bezogen auf Länge und Breite. Bohren Sie in diese Markierung ein Loch. Vorsichtig schleifen.

4
Sprühen Sie eine erste Schicht Silberfarbe außen auf die Rahmen. Sobald die Farbe trocken ist, drehen Sie die Rahmen um und besprühen das Innere. Nach einem erneuten vorsichtigen Zwischenschliff sprühen Sie eine zweite Farbschicht auf alle Seiten. Trocknen lassen.

5
Die beiden Rahmen verbinden Sie mit zwei Scharnieren. Achten Sie darauf, dass sich das in Schritt 3 gebohrte Loch auf der den Scharnieren gegenüberliegenden Seite befindet. Schrauben Sie die Scharniere 1,5 cm von jeder Rahmenseite entfernt fest an.

6
Schneiden Sie ein Stück Aluminiumfolie in der Größe des Rückenkartons von einem der Rahmen zu. Fixieren Sie die Aluminiumfolie mit Sprühkleber auf dem Rückenkarton und setzen Sie diesen als Boden in den Rahmen ein, dessen untere Schmalseite das Bohrloch hat.

7
Schneiden Sie die Anschlussleitung des Lichtschlauchs am Stecker ab, wenn der Stecker ein Kunststoffformteil ist. Hat der Stecker Schrauben, demontieren Sie ihn. Führen Sie den Lichtschlauch von innen durch das Rahmenloch nach außen und montieren Sie einen neuen Stecker, beziehungsweise setzen Sie den Originalstecker wieder an, sofern er demontiert werden konnte. Lesen Sie die Bedienungsanleitung des Anschlusssets für den Lichtschlauch. Stecken Sie einen Steckverbinder fest in ein Ende des Lichtschlauchs, streichen Sie PVC-Kleber darauf und schieben Sie die Muffe der Anschlussschnur darüber. Geben Sie auch auf das andere Ende des Lichtschlauchs PVC-Kleber und schieben Sie es in die dazu vorgesehene Aderendhülse. Schleifen Sie die Girlande sehr vorsichtig an, legen Sie sie aufgerollt auf den verkleideten Rahmenboden und kleben Sie sie mit der Klebepistole fest.

8
Stabilisieren Sie den Lichtschlauch und den Karton des Rahmenbodens auf jeder Seite mit einem Nagel. Stecken Sie die Dias in die Einsteckfächer. Legen Sie die eine Scheibe auf den leeren Rahmen. Darauf legen Sie die Kunststofffolie, auf den die Dias geklebt sind, darauf das Transparentpapier und die zweite Glasscheibe. Klappen Sie die vier Befestigungsvorrichtungen um, damit alles hält. Klappen Sie die beiden Rahmen zusammen.

Tipp
Die Rahmen haben auf der Rückseite fast immer eine Aufhängung zur Befestigung an der Wand. Achten Sie darauf, dass sich die Aufhängung auf der Rahmenrückseite oben befindet.

1
2
3
4
5
6
7
8

Wandkerzenhalter

Schön für den Flur oder über einem Sims – eine Wandleuchte aus einem anderen Jahrhundert, die sich im gustavianischen Stil präsentiert. Sehr schlicht und außergewöhnlich zugleich.

Material für die Leuchte

- Holzbrett, 19 mm stark, 12×20 cm
  Holzbrett, 19 mm stark, 20×28 cm
- Patinafarbe in Silber
- Holzleim
- kleine, verchromte Holzschrauben
- schwarze Ringschraube

Elektromaterial

- Kerzenhülse H10
- Fassung E14 für Kerzenhülse, ⌀23 mm, 85 mm lang
- verchromter Scheibennippel
- textilummanteltes, silbernes Anschlussset
- Kerzenlampe

Werkzeug

- Pinsel
- Schraubendreher
- Elektriker-Schraubendreher
- Abisolierzange
- elektrische Bohrmaschine
- 6er-Holzbohrer

115H

Wandkerzenhalter

1
Bohren Sie in das kleinere Brett mittig ein Loch.

2
Leimen und schrauben Sie die beiden Bretter im rechten Winkel aufeinander.

3
Streichen Sie alle Flächen zweimal mit der Patinafarbe.

4
Schrauben Sie den verchromten Scheibennippel zentriert auf das zuvor gebohrte Loch.

5
Führen Sie die textilummantelte Leitung durch den Scheibennippel und schließen Sie sie an die Kerzenfassung an.

6
Schrauben Sie die Kerzenfassung auf den Scheibennippel. Setzen Sie die Kerzenhülse auf die Kerzenfassung und setzen Sie die Glühlampe ein.

7
Befestigen Sie die Ringschraube mittig auf der Oberkante der Rückenplatte.

1
2
3
4
5
6
7

Licht

für den Garten

Ideen

Bunte Lichtergirlande

Heiter wird die Nacht, wenn Sie die übliche Glühlampe durch eine kleine mit bunten Kunststoffkugeln geschmückte, für draußen geeignete Lichterkette ersetzen.

Lampionkette

Hier wurden einfach nur einige chinesische Papierlampions über die Fassungen einer Outdoor-Lichterkette geschoben. Hängen Sie sie bei kleinen wie größeren Events auf den Balkon oder in den Garten.

Biergartenbeleuchtung

Eine in den Baum gehängte Marktbudengirlande erleuchtet Sommernächte und verbreitet stets etwas Partystimmung in Ihrem Garten.

Handleuchte

Die lässig an die Eingangstür gehängte Handleuchte aus dem nächstgelegenen Baumarkt ist nicht nur nützlich, sondern auch originell.

Marokkanische Laternen

Die Weißblechlaternen lassen sich einfach für die Stromzufuhr umrüsten. Verwenden Sie sie drinnen oder im Garten, doch lassen Sie sie nicht bei schlechtem Wetter draußen stehen. Sie sind nämlich nicht dicht.

Elektrifizierter Riesenkürbis

Im gänzlich ausgehöhlten Kürbisinneren versteckt sich eine Kompaktlampe. Unzählige Perforationen streuen zart das Licht.

Material für die Leuchte

- Riesenkürbis, ∅ ca. 40 cm
- Glasgefäß

Elektromaterial

- Stecker
- dreiadrige Anschlussleitung, 3 m
- Kunststofffassung
- Kompakt-Energiesparlampe, entsprechend 60 Watt

Werkzeug

- Messer
- Löffel
- Stricknadel, Nadelstärke 4
- Schraubendreher
- Schere

Wo erhalten Sie Kürbisse?

Ab September und den ganzen Winter hindurch bekommen Sie die verschiedensten Kürbissorten beim Gemüsehändler, auf dem Wochenmarkt sowie im Blumenladen.

Schneiden Sie mit dem Messer oben eine 15 cm große Öffnung in den Kürbis. Entfernen Sie das Fruchtfleisch mit einem großen Löffel. Stechen Sie mit einer Stricknadel viele kleine Löcher in die Schale. Lassen Sie aus Stabilitätsgründen zwischen den Löchern mindestens 5 mm Abstand. Wappnen Sie sich mit Geduld, denn dieser Arbeitsgang dauert von allen am längsten. Reicht Ihr Langmut dazu nicht, ritzen Sie an einer bestimmten Stelle ein selbst entworfenes Einzelmotiv ein, zum Beispiel ein Rundloch, einen Pfeil oder ein anderes Zeichen.

Nun folgt die Elektromontage: Isolieren Sie die Adern der Leitung auf etwa 8 mm ab, verdrillen Sie die Kupferlitzen und schließen Sie die Fassung an. An das andere Ende der Leitung montieren Sie den Stecker: Isolieren Sie die Adern ab, verdrillen Sie die Kupferlitzen, führen Sie sie in das Steckergehäuse, klemmen Sie sie in die Anschlussklemmen, ziehen Sie die Schrauben an und schließen Sie wieder das Gehäuse.

Drehen Sie die Kompakt-Energiesparlampe in die Fassung. Stellen Sie die Glühlampe in ein Glasgefäß, das in den Kürbis passt. Decken Sie die Kürbisöffnung mit dem herausgeschnittenen Schalenstück ab, damit die Elektroinstallation nicht sichtbar ist. Warten Sie, bis es dunkel ist, und schalten Sie den Kürbis (bei trockenem Wetter) ein.

Bambustotem

Leuchtende Totems an der Eingangstür weisen Gästen nach Einbruch der Nacht sicher den Weg.

Material für die Leuchte

- Bambusstab, ∅ ca. 5 cm (Innendurchmesser), 1,20 m lang
- Besenstiel
- Kunststoffverbindung für eine Toilettenspülung (mit konischer Dichtung, ∅ 38 mm)

Elektromaterial

- schwarze Anschlussleitung mit rundem Querschnitt, 3 m
- Kunststofffassung E 27
- Kompakt-Energiesparlampe mit Gewinde, 75/16 Watt
- schwarzer Stecker mit Griff

Werkzeug

- elektrische Bohrmaschine
- 12er-Holzbohrer
- kleiner, flacher Schraubendreher
- Abisolierzange
- Seitenschneider
- hölzerner Besenstiel
- Feile

Bambustotem

1
Verwenden Sie ein Stück Bambusrohr, dessen Innendurchmesser etwas größer als der Durchmesser der Fassung ist. Halten Sie die Fassung mit der Glühlampe in das Rohrende, um festzustellen, ob die Glühlampe nach der Elektromontage mit dem Rand des Bambusrohrs bündig abschließt.

2
Kennzeichnen Sie das Ende des Bambusrohrs, in das die Glühlampe und die Fassung eingesetzt werden. Setzen Sie 25 cm oberhalb des gegenüberliegenden Endes eine weitere Markierung. Bohren Sie in diese Stelle ein 12-mm-Loch. Durch die Öffnung wird später die Leitung nach außen geführt, wenn Sie das Bambusrohr für einen stabilen Stand 25 cm tief in die Erde spießen.

3
Damit Sie die Anschlussleitung durch das Bambusrohr führen können, müssen Sie die Pflanzenknoten entfernen. Führen Sie einen hölzernen Besenstiel in das Innere des Bambusrohrs und stoßen Sie so lange gegen die Knoten, bis sie sich lösen. Die Öffnung sollte so groß wie möglich sein, damit die Leitung problemlos hindurchpasst.

4
Schieben Sie die Anschlussleitung durch das Bohrloch in das Rohr. Schieben Sie sie gleichmäßig vor und beobachten Sie, wie sie im Inneren vorankommt.

5
Isolieren Sie das Ende der Anschlussleitung, an dem der Stecker montiert wird, ab. Öffnen Sie den Stecker. Verdrillen Sie die Kupferlitzen mit den Fingern. Schieben Sie das Steckergehäuse auf die Leitung und stecken Sie dann jedes Ende in die Anschlussklemmen. Schrauben Sie die beiden Steckerteile fest zusammen.

6
Isolieren Sie die Anschlussleitung am anderen Ende des Bambusrohrs ab. Schieben Sie den unteren Teil der Fassung auf die Leitung. Verdrillen Sie die Kupferlitzen und stecken Sie sie dann in die Anschlussklemmen der Fassung. Ziehen Sie die Schrauben mit einem kleinen flachen Schraubendreher fest, bevor Sie den Einsatz auf das Gehäuse setzen. Schrauben Sie die Fassung zusammen. Setzen Sie die Kunststoffverbindung mit dem größeren Durchmesser nach unten zwischen Fassung und Glühlampe. Setzen Sie die Glühlampe ein.

7
Positionieren Sie die Konstruktion aus Fassung, Kunststoffverbindung und Glühlampe so in dem Bambusrohr, dass die Fassung nicht sichtbar ist. Ziehen Sie vorsichtig an der Anschlussleitung; greifen Sie sie dabei lediglich am Ausgang des Bohrlochs. So rüttelt sich alles leicht zurecht. Sitzt die Fassung nicht richtig, vergrößern Sie das Loch, in dem sie sitzt, innen mit einer Feile.

Tipp
Die Wahl der richtigen Glühlampe ist sehr wichtig, denn sie darf nicht heiß werden. Eine Kompakt-Energiesparlampe ist die beste Lösung. Verwenden Sie niemals eine klassische Glühlampe, die den Bambus zum Brennen und die Dichtung zum Schmelzen bringen würde, womit eine sichere Installation nicht mehr gewährleistet wäre.

1
2
3
4
5
6
7

Handleuchte

Ganz gleich, ob Sie ein gutes Fläschchen aus dem Keller oder Brennholz aus dem Garten holen möchten, diese Handleuchte wird Ihnen gute Dienste leisten. Auch wenn Sie sicherlich ins Schmunzeln geraten, sobald Sie ihre Bestandteile erkennen.

Material für die Leuchte

- Babyflasche, 330 ml
- Mineralwasserflasche aus Kunststoff
- Holzgriff mit Aufhängung von einer Gummi-Saugglocke
- 2 kleine Bolzen, 4×10 mm
- kleiner S-Haken, ∅ 1 cm (Innendurchmesser), 3 cm lang
- Acrylfarbe in Magenta, Cyan, Gelb, Weiß
- feines Schleifpapier

Elektromaterial

- verdrillte, textilummantelte, schwarze Anschlussleitung, 3 m
- schwarzer Stecker
- schwarze Zugentlastung
- verchromter Anschluss mit Leitungsdurchführung
- weiße Fassung B 22
- Kompakt-Energiesparlampe, 75/16 Watt
- Bajonettfassung (∅ maximal 4,5 cm)

Werkzeug

- Lochzange und 2 Ösen
- kleiner, flacher Schraubendreher
- flache Spitzzange
- Metallsäge
- elektrische Bohrmaschine
- 10er- und 3er-Bohrer
- Abisolierzange
- Pinsel

Handleuchte

1
Lösen Sie die Metallaufhängung vom Holzgriff und malen Sie vier Farbstreifen auf. Waschen Sie den Pinsel zwischen zwei Farbaufstrichen jeweils aus. Ist die Farbe trocken, bringen Sie die Metallaufhängung wieder an.

2
Sägen Sie das Gewinde des Flaschenverschlusses glatt ab. Schleifen Sie die Schnittfläche. Schneiden Sie die Flasche 10,5 cm unterhalb der Flaschenöffnung ab. Behalten Sie nur den Flaschenhals. Damit der Schnitt gerade wird, verfahren Sie wie folgt in zwei Schritten: Schneiden Sie den Flaschenhals zunächst 13 bis 14 cm unterhalb der Flaschenöffnung ab und kürzen Sie ihn dann auf 10,5 cm.

3
Schleifen Sie den Flaschenhals und auch das Babyfläschchen gleichmäßig mit feinem Schleifpapier, bis die Teile milchig aussehen. Arbeiten Sie sorgfältig – auch an den schwer zugänglichen Stellen.

4
Markieren Sie 5 mm oberhalb des unteren Flaschenrands zwei sich gegenüberliegende Punkte. Bohren Sie an diesen Stellen mit dem 3er-Bohrer zwei Löcher. Stecken Sie das Fläschchen in den Flaschenhals und zeichnen Sie auch auf das Fläschchen zwei Markierungen an: Stecken Sie dazu den Bleistift durch die beiden Löcher im Flaschenhals. Bohren Sie die Löcher in das Babyfläschchen.

5
Setzen Sie zwei Ösen auf die Bohrlöcher im Flaschenhals.

6
Bohren Sie mit dem 10er-Bohrer 1 cm unterhalb des Flaschenhalswulstes mittig ein Loch. Schleifen Sie die unsaubere Kunststoffkante.

7
Montieren Sie an eine Anschlussleitung einen Stecker, fädeln Sie einen S-Haken ein, dessen Enden Sie mit einer Zange zusammengequetscht haben und fädeln Sie die Überwurfmutter der Zugentlastung auf. Führen Sie die Anschlussleitung von außen in das Loch im Flaschenhals und fädeln Sie den Gewindeteil der Zugentlastung auf. Schrauben Sie die Fassung auf einen Anschluss mit Leitungsdurchführung, führen Sie die Leitung in diesen hinein und befestigen Sie die abisolierten Adern in den Anschlussklemmen der Fassung. Lassen Sie die Kombination aus Fassung und Anschluss in den Flaschenhals gleiten. Lassen Sie die Zugentlastung zum Teil durch das Loch im Flaschenhals herauskommen, ziehen Sie sehr vorsichtig an der Leitung, um sie richtig zu platzieren, und schrauben Sie dann die beiden Teile der Zugentlastung zusammen.

8
Schrauben Sie den Holzgriff mit dem Gewinde in das Gewinde des Anschlusses im Flaschenhals. Setzen Sie die Energiesparlampe in die Fassung. Drücken Sie das Fläschchen auf die Glühlampe und positionieren Sie die Bohrlöcher des Flaschenhalses deckungsgleich zu den Bohrlöchern des Babyfläschchens. Verschrauben Sie die beiden Bolzen.

9
Die Handleuchte hat zwei Aufhängevorrichtungen: den Haken am Griffende und den kleinen S-Haken, mit dem man die Leitung in der gewünschten Länge zu einer Schlaufe formen kann.

Tipp
Diese Handleuchte dürfen Sie wegen des verwendeten Materials nur mit einer Energiesparlampe ausrüsten, die sehr wenig Hitze abgibt.

1
2
3
4
5
6
7
8

Lampion mit Harzbeschichtung

Wer erlag dem verführerischen Charme kleiner Papierlampions bisher noch nicht? Doch können ungünstige Witterungsverhältnisse für solch fragile Hüllen das Ende bedeuten. Diesem dank der Harzbeschichtung absolut wasserdichten Lampion machen jedoch weder Regen noch Schnee etwas aus. Das Projekt bietet Ihnen die Gelegenheit, einmal mit Polyesterharz zu arbeiten, sodass Sie in Zukunft auch andere Werke aus Papier, Stoff, Pappe usw. verstärken können.

Material für die Leuchte

- zylindrischer Papierlampion
- transparentes Polyesterharz, 70 ml
- 2 Metallscheiben, ∅ 35 mm (Außendurchmesser), ∅ 10 mm (Innendurchmesser)
- S-Haken, ∅ 10 mm (Innendurchmesser)
- Eisendraht, ∅ 2 mm, 30 cm lang
- Plastikbecher für das Harz (z. B. ein Quarkbecher)
- Gummihandschuhe
- Kunststofffolie, A4
- Plastikfolie

Elektromaterial

- schwarze Anschlussleitung, 3 m
- Fassung E 27
- Glühlampe, 60 Watt
- schwarzer Stecker
- schwarze Nylon-Zugentlastung

Werkzeug

- Borstenpinsel, den Sie anschließend wegwerfen
- Stöckchen oder ein Spieß zum Mischen
- kleiner, flacher Schraubendreher
- Vorstecher
- Abisolierzange
- flache Spitzzange
- Seitenschneider
- Loch- oder Ösenzange und 2 Ösen
- elektrische Bohrmaschine
- 3er- und 10er-Bohrer

Lampion mit Harzbeschichtung

1
Decken Sie Ihre Arbeitsfläche mit einer großen Plastikfolie ab. Entfernen Sie den metallenen Kerzenhalter und bohren Sie an dieser Stelle mit dem Vorstecher ein Loch. Weiten Sie es mit dem Stiel eines großen Pinsels vorsichtig bis zum gewünschten Lochdurchmesser von ungefähr 1 cm.

2
Ziehen Sie den Lampion auseinander, indem Sie mit der anderen Hand den Drahtgriff festhalten. Schieben Sie die eingerollte Kunststofffolie in den Lampion.
Der Bogen muss sich gegen die Wände legen, damit der Lampion aufgespannt bleibt. Nehmen Sie den Drahtgriff ab.

3
Bereiten Sie 70 ml transparentes Harz in dem Plastikbecher vor: Mischen Sie es mit dem Stöckchen immer wieder vom Rand her unter ständigem Rühren zwei Minuten lang.
Tragen Sie Gummihandschuhe. Stellen Sie den Lampion auf die Arbeitsfläche und überstreichen Sie ihn von oben beginnend mit Harz. Tränken Sie das Papier gründlich. Es wird sich in Farbe und Optik etwas verändern. Fahren Sie so fort, bis Sie unten anlangen, und überstreichen Sie dann ebenfalls Deckel und Boden. Hängen Sie den Lampion an einer Schnur in einem trockenen und staubfreien Raum auf. Lassen Sie ihn mindestens 24 Stunden trocknen. Nehmen Sie ihn erst ab, wenn die Harzoberfläche gut ausgehärtet ist. Nehmen Sie die Kunststofffolie wieder heraus.

4
Führen Sie nun eine klassische Elektroinstallation aus: Schließen Sie an einem Leitungsende einen Stecker an. Fädeln Sie auf diese Leitung nacheinander den S-Haken, die Überwurfmutter der demontierten Zugentlastung, eine Metallscheibe, den mit Harz beschichteten Lampion, die zweite Metallscheibe, den Gewindeteil der Zugentlastung (langes Gewinde zuerst) und schließen Sie dann die Fassung an.

5
Schrauben Sie die Zugentlastung an den Sockel der Fassung und platzieren Sie dieses Gebilde so auf dem Lampionboden, dass das längere Gewinde der Zugentlastung durch das im Karton erzeugte Loch herausgeführt wird. Setzen Sie die Scheibe auf dieses Gewinde. Schrauben Sie dann die schwarze Überwurfmutter der Zugentlastung auf das dafür vorgesehene Gewinde.

6
Biegen Sie aus dickem Eisendraht einen Griff in der Art des Originalgriffs, jedoch aus deutlich stabilerem Material. Benutzen Sie dazu den Originalgriff als Schablone. Biegen Sie den Draht an den beiden Enden jeweils ca. 1 cm lang rechtwinklig um. Vergrößern Sie die ursprünglichen Löcher mit dem Vorstecher und setzen Sie zwei Ösen ein.
Zum Einsetzen des Griffes schieben Sie die beiden umgebogenen Enden in die Ösen.

7
Führen Sie die Leitung so durch den S-Haken, dass eine Schlaufe entsteht. Damit kann der Lampion aufgehängt werden.

8 und 9
Hängen Sie den mit Harz beschichteten Lampion auf, wo immer Sie ihn benötigen und es Ihnen beliebt.

Tipps
Nach dem Mischen muss das Harz zügig verarbeitet werden. Je mehr Zeit vergeht, desto fester wird es.

Nachdem Sie das Harz aufgestrichen haben, reinigen Sie den Pinsel mit Küchenkrepp. Da er dennoch hart wird, verwenden Sie möglichst einen bereits ausgedienten Pinsel.

1
2
3
4
5
6
7
8
9

Lichtgirlanden

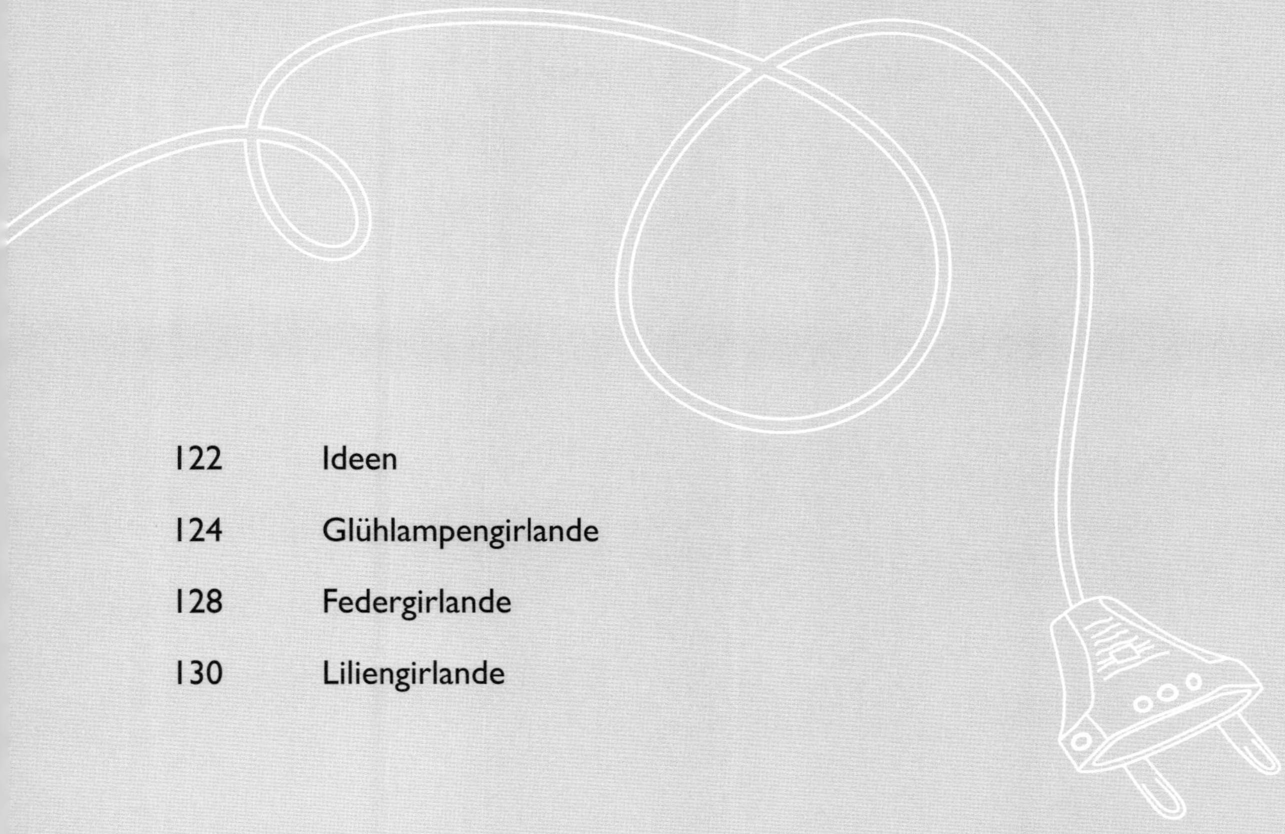

Ideen

Leuchtschlauch

Eine als Meterware gekaufte Girlande aus dem Elektrogeschäft: Zunächst wurde Sie aufgerollt «einfach mal hingehängt» – und hat so ihren Platz gefunden.

Biergartenbeleuchtung auf roter Wand

Zweckentfremdet und einfach nur an Nägeln befestigt: Im Haus wirkt sie ganz peppig und setzt Akzente auf einer nackten Wand.

Konservendosengirlande

Kleine Konservendosen, die mit einem Metallbohrer durchbohrt wurden, machen sich als elektrische Lichtergirlande äußerst gut.

Kaffeekapselngirlande

Hier werden mit der Lochzange durchstochene Espressokapseln ganz einfach in die Fassungen einer Lichterkette gesteckt. Eine im Handumdrehen umzusetzende Recycling-Idee.

Käfigleuchte

Eine originelle Art, eine Lichterkette in Szene zu setzen: als «Leuchtpaket» statt als Girlande. Verwenden Sie ein durchbrochenes Gefäß wie einen kleinen Käfig oder drapieren Sie Ihre Girlande in einem Glasbehälter.

RUSSO

Glühlampengirlande

Bei der Anfertigung dieser Girlande werden Sie die unendliche Vielfalt der im Handel erhältlichen Glühlampen entdecken. Statten Sie ihre zehn Fassungen also mit den Errungenschaften aus der Elektroabteilung eines großen Baumarktes aus. Eine ausgezeichnete Übung zum Erlernen der Parallelschaltung.

Material für die Leuchte

- S-Haken, ∅ 10 mm (Innendurchmesser)

Elektromaterial

- textilummantelte, weiße Anschlussleitung, 6 m
- oliv-silberner Schalter
- weißer Stecker
- 6 weiße Kunststofffassungen E 27
- 4 weiße Kunststofffassungen E 14
- 10 weiße Nylon-Zugentlastungen
- 6 Schraubglühlampen E 27 in unterschiedlichen Ausführungen (die gelbe Glühlampe wehrt Insekten ab)
- 4 Schraubglühlampen E 14 in unterschiedlichen Ausführungen

Werkzeug

- kleiner, flacher Schraubendreher
- Abisolierzange
- Cutter
- Seitenschneider

Glühlampengirlande

1
Schneiden Sie neun Leitungsstücke von jeweils etwa 15 bis 25 cm Länge zu.

2
Montieren Sie an eines der Enden der verbliebenen Leitung einen Stecker und 70 cm davon entfernt einen Schalter.

3
Pro Fassung stecken Sie zwei Leitungsstücke durch eine aufgeschraubte Zugentlastung und dann in das Gehäuse der demontierten Fassung. Isolieren Sie die Enden der beiden Leitungsstücke ab, verdrillen Sie jeweils die gleichfarbigen Adern miteinander. Schieben Sie die erste Doppelader in eines der beiden Löcher der Anschlussklemme der Fassung und dann die zweite Doppelader in das andere Loch. Ziehen Sie die Schrauben der Anschlussklemme mit einem kleinen flachen Schraubendreher kräftig fest.

4
Setzen Sie den Einsatz der Fassung in das Gehäuse. Schrauben Sie die Zugentlastung auf die Fassung, schrauben Sie dann das Gehäuse fest. Wiederholen Sie diesen Arbeitsgang für insgesamt neun Glühlampen. Bei der zehnten Fassung verfahren Sie bis auf die Befestigung der Adern in der Anschlussklemme ebenso: In diesem Falle müssen Sie wie bei einer klassischen Montage nur zwei Adern anschließen.

5
Bei der Zusammenstellung der Girlande gilt es, mit unterschiedlichen Glühlampengrößen und -farben zu spielen. Zum Aufhängen verwenden Sie wie beim harzbeschichteten Lampion (S.118) einen kleinen in die Leitung gesetzten S-Haken.

Tipp
Die gewählte Anschlussleitung bestimmt die maximale Leistung. Es ist wichtig, sie zu kennen, bevor man mit der Montage beginnt. Hier darf die Leistung der Leitung 500 Watt nicht überschreiten. Um das zu prüfen, brauchen Sie nur die Nennleistung aller Glühlampen zu addieren. Verwenden Sie Glühlampen mit 25 bis 40 Watt, damit sie nicht zu hell sind und sich nicht übermäßig erhitzen.

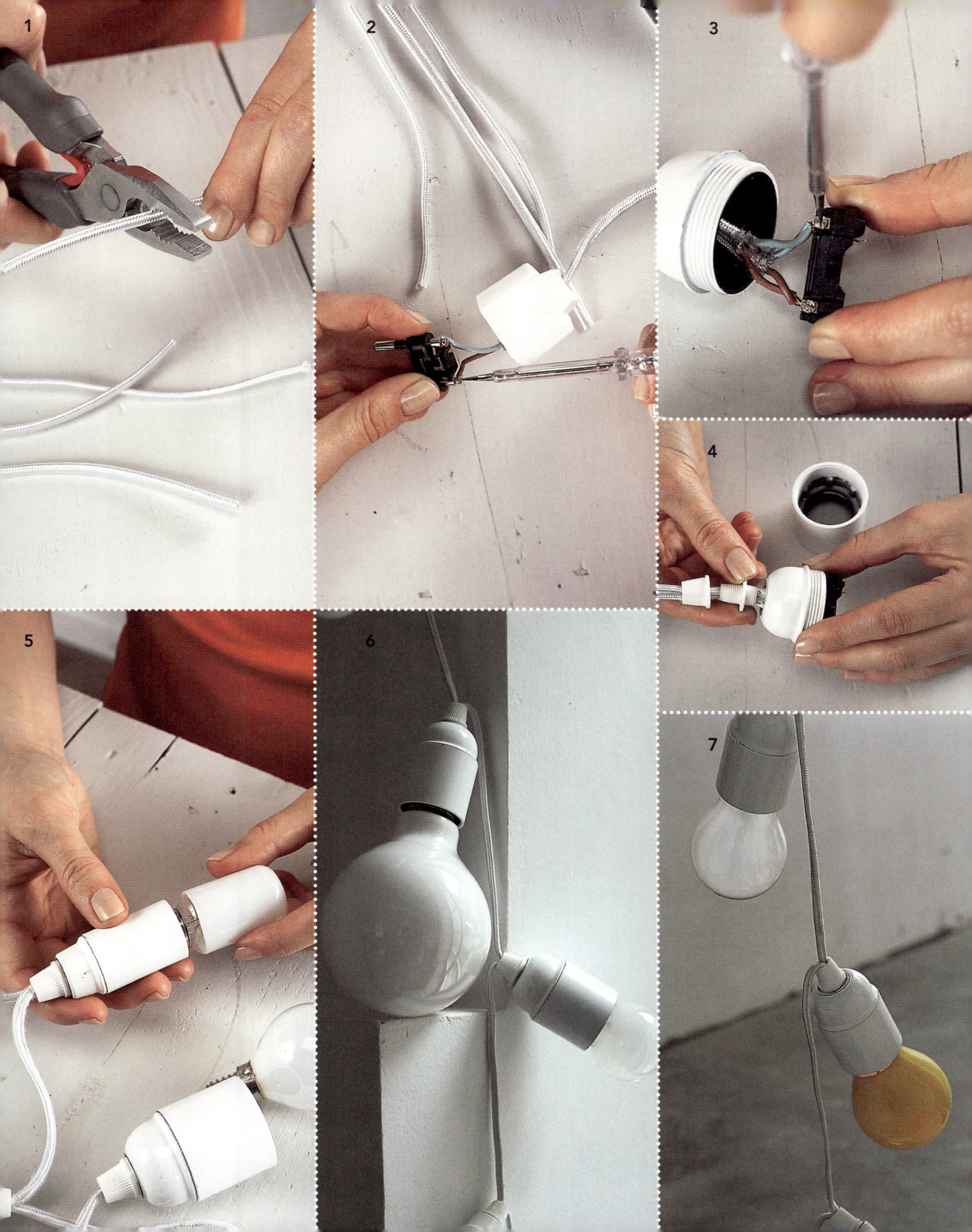
1
2
3
4
5
6
7

Federgirlande

Diese Girlande schmückt sich mit Federn wie auch Perlen und verbreitet Glühwürmchenzauber: zartes Lichterfunkeln, das Ihnen sicher nicht missfallen wird.

Material für die Leuchte

- weiße Federn
- blaues Perlensortiment
- große und mittelgroße Perlmuttperlen
- feiner verchromter Eisendraht
- feiner blauer Eisendraht

Elektromaterial

- Lichterkette

Werkzeug

- Seitenschneider

Befestigen Sie dort, wo die Leitung an jeder Fassung beginnt, mit feinem blauem Eisendraht jeweils einige Federn. Umwickeln Sie die Federn mehrmals fest mit dem Draht und ordnen Sie die Federn gleichmäßig verteilt rund um das Lämpchen an.
Schneiden Sie etwa 20 cm lange Stücke aus blauem oder verchromtem Draht zu und fädeln Sie die Perlen in wechselnden Formen- und Farbzusammenstellungen auf. Führen Sie den Draht erneut durch die Perle, damit sie sich nicht verschiebt.
Binden Sie den Draht mit den aufgefädelten Perlen um die Lämpchenfassung und setzen Sie die Perlen zwischen die Federn.

Liliengirlande

Eine Girlande aus Papierlilien erscheint ideal, um den Frühling einzuläuten. Sie werden überrascht sein, wie schnell sie mit der Origami-Falttechnik anzufertigen ist.

Material für die Leuchte

- pro Blüte weißer Papierbogen, 120 g, 20×20 cm
- Bogen dickes Papier in einer kräftigen Farbe
- feiner Eisendraht
- Bleistift

Elektromaterial

- Lichterkette

Werkzeug

- Schere
- Cutter
- Lineal

Falten Sie die Lilien nach der Anleitung auf Seite 141. Ziehen Sie erst nur zwei sich gegenüberliegende Blütenblätter etwas auseinander, anschließend auch die beiden anderen.
Rollen Sie die Spitzen zum Rundformen um einen Bleistift. Stellen Sie so viele Lilien her, wie Lämpchen vorhanden sind.
Mit der Schere schneiden Sie die Lilie unten 1 cm ab. Mit dem Cutter schneiden Sie aus dem farbigen Papier 2 mm breite und 10 cm lange Streifen zu – dies sind die Blütenstempel. Nehmen Sie das Lämpchen aus der Fassung und schieben Sie die Fassung in die Lilie.
Setzen Sie das Lämpchen wieder in die Fassung. Setzen Sie den Stempel in das Innere der Lilie. Binden Sie alles mit feinem Eisendraht an die Lichterkettenleitung.

Anhang

Schablone für ein Lampengestell im Empire-Stil

unten Ø 15 cm, oben Ø 8 cm. Mit dieser Vorlage können Sie den silbernen Lampenschirm sowie den Lampenschirm mit Deckel auf den Seiten 26 und 28 anfertigen.

Auf 200 % vergrößern.

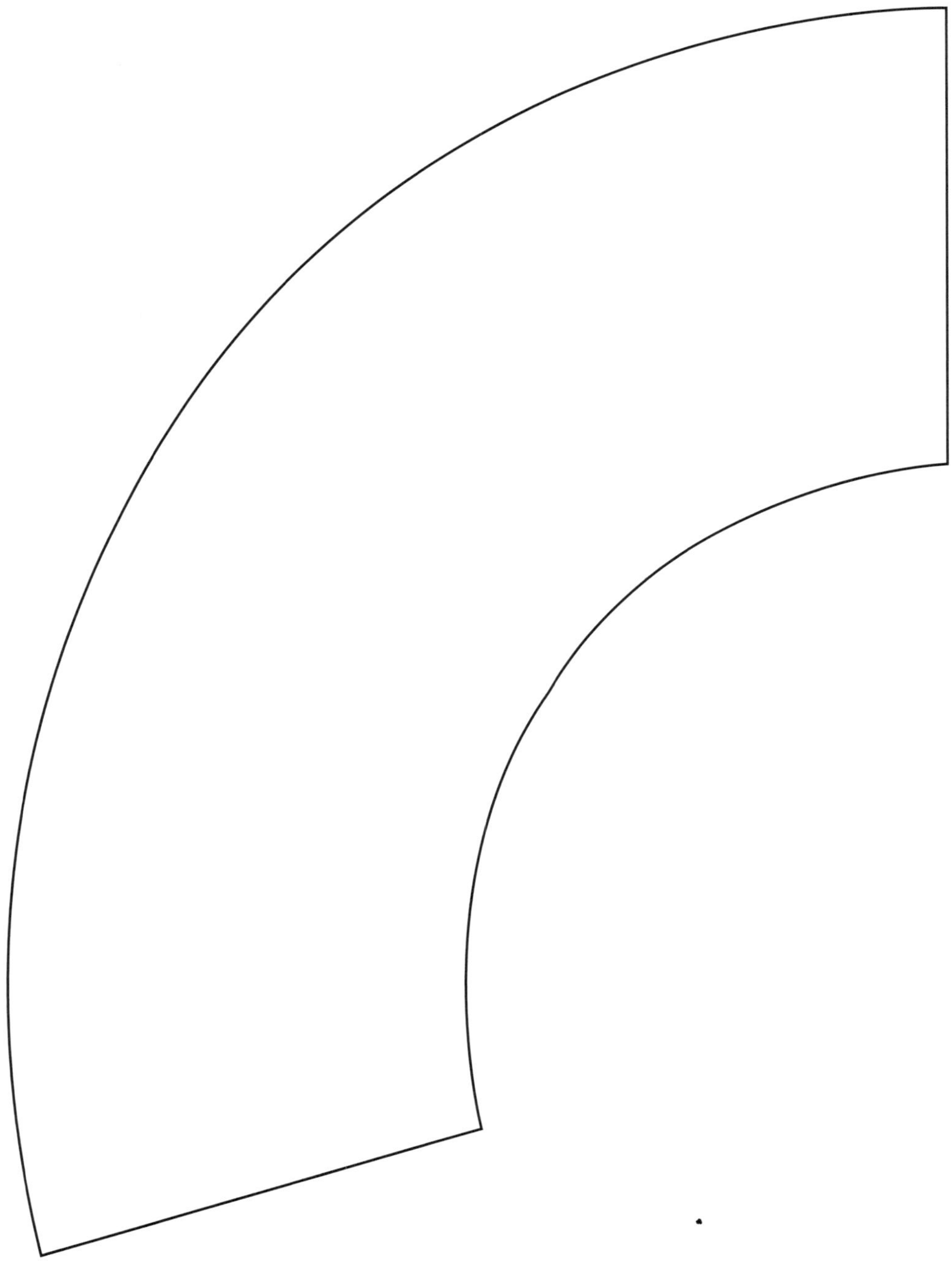

Schablone für ein Lampengestell mit Aufsteckschirmchen

unten Ø 9 cm, oben Ø 7 cm. Mit dieser Vorlage können Sie den strukturierten Lampenschirm sowie den Lampenschirm mit Transfermuster auf Seite 26 anfertigen. Auf 140 % vergrößern.

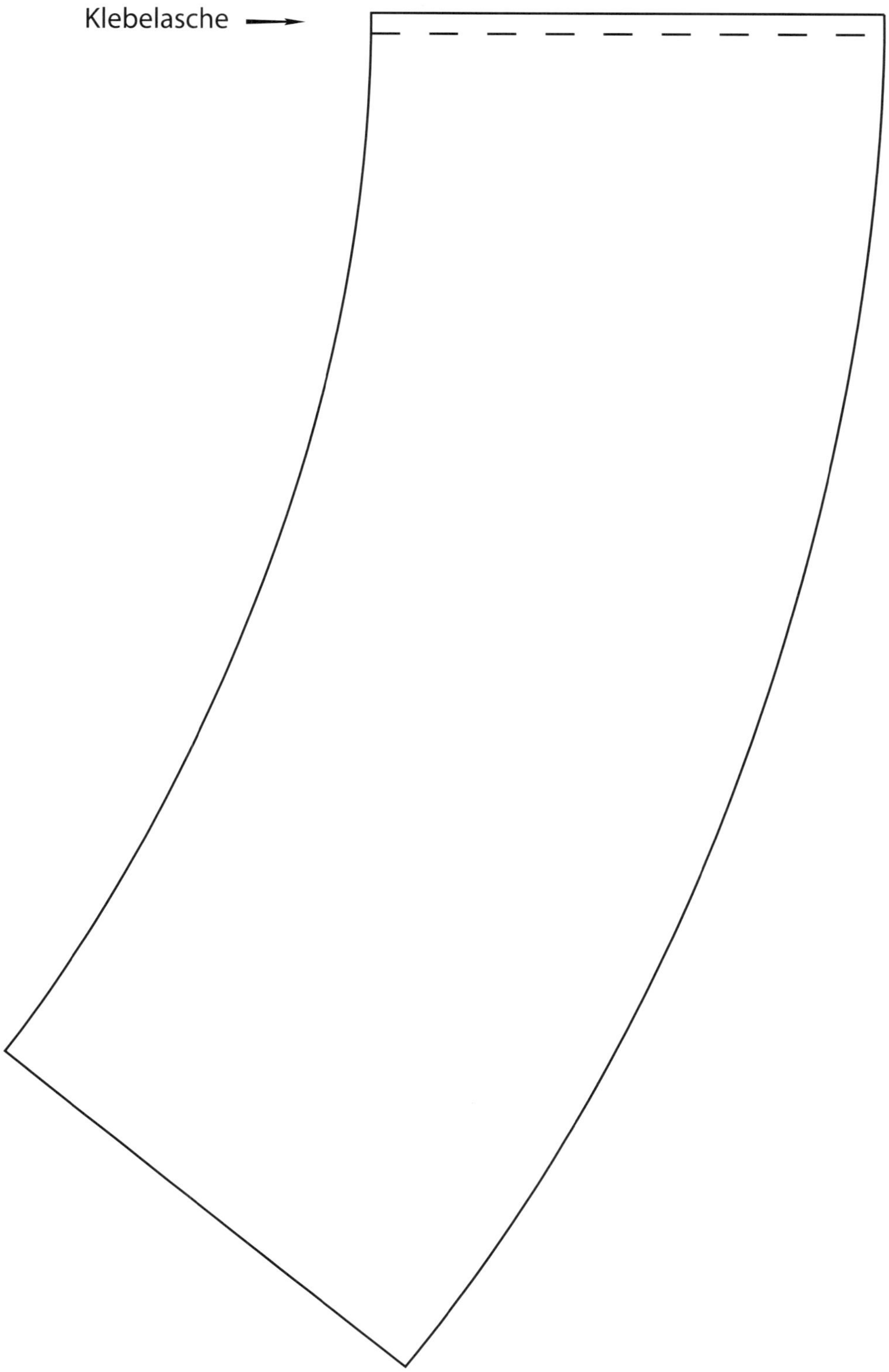

Schablonen für die Laterna magica

Mit diesen Vorlagen können Sie die Laterna Magica auf Seite 30 anfertigen. Auf 200 % vergrößern.

Schablone für den kleinen Lampenschirm

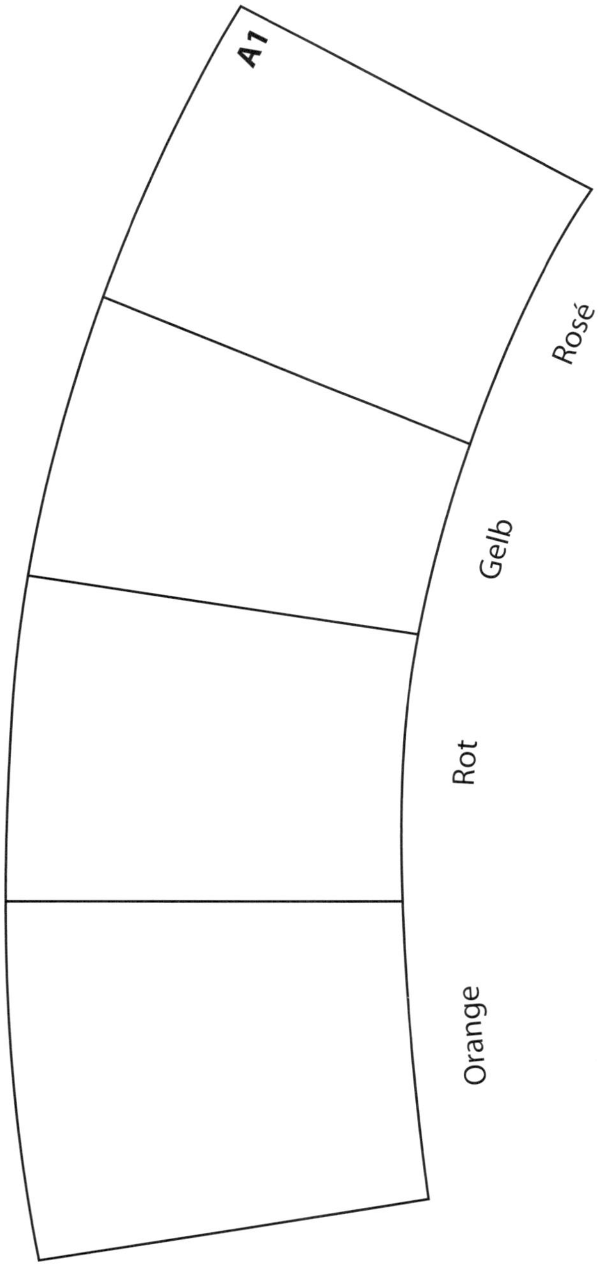

Schablone für die Aluminiumzacken

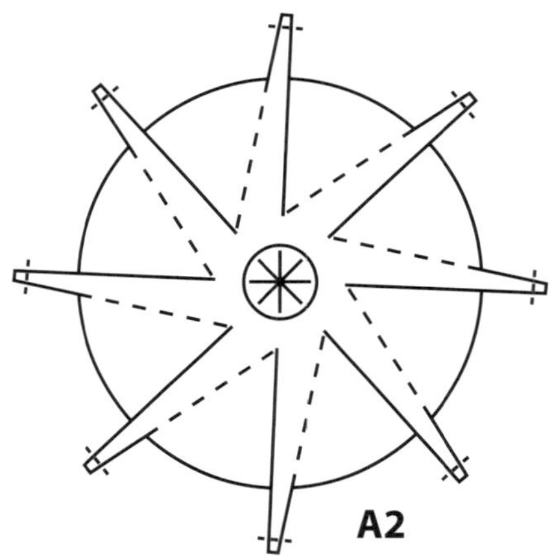

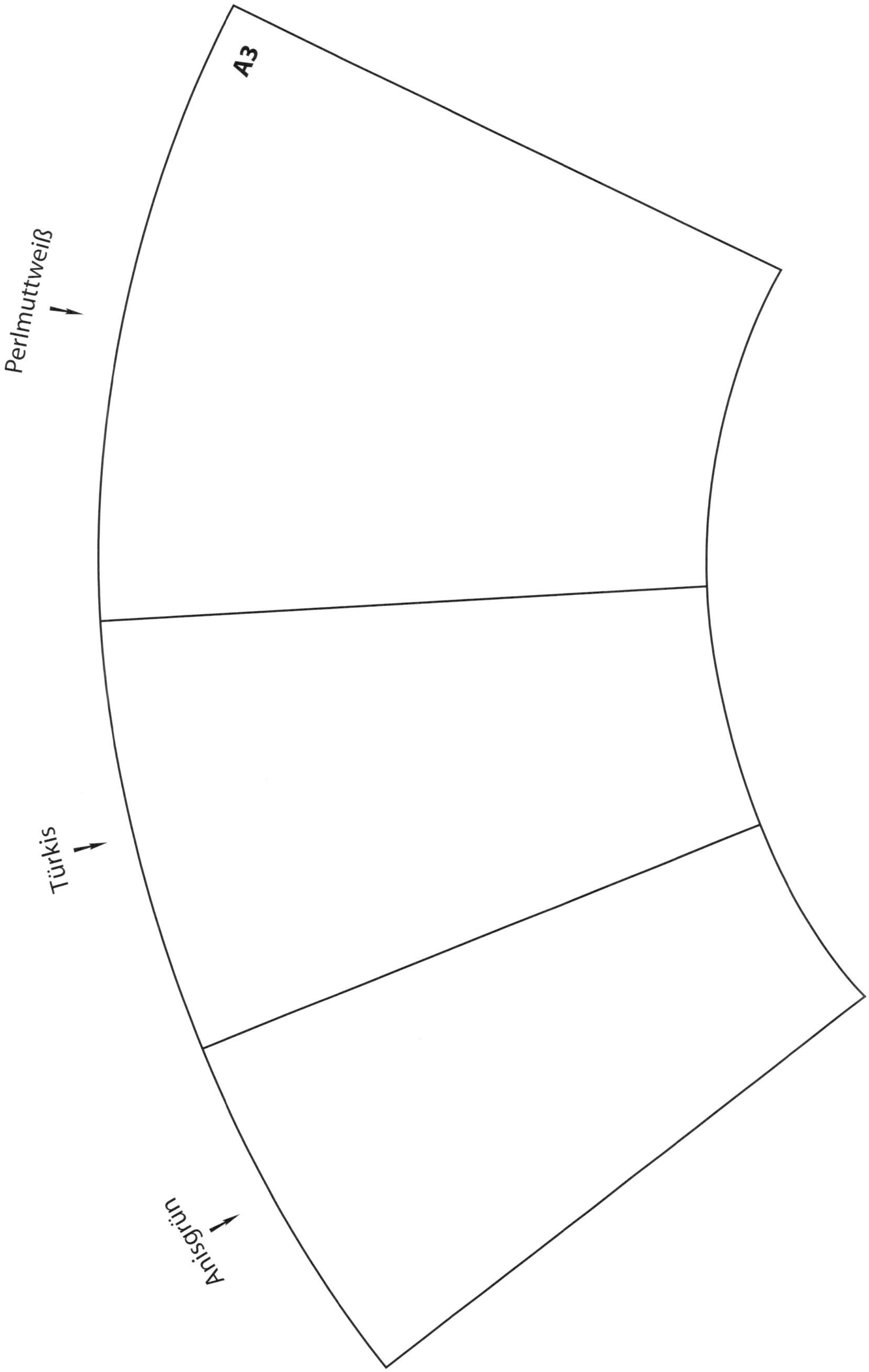
A3
Perlmuttweiß
Türkis
Anisgrün

Katzensilhouette

Mit dieser Vorlage können Sie die Leuchte auf Seite 74 anfertigen.

Auf 150 % vergrößern.

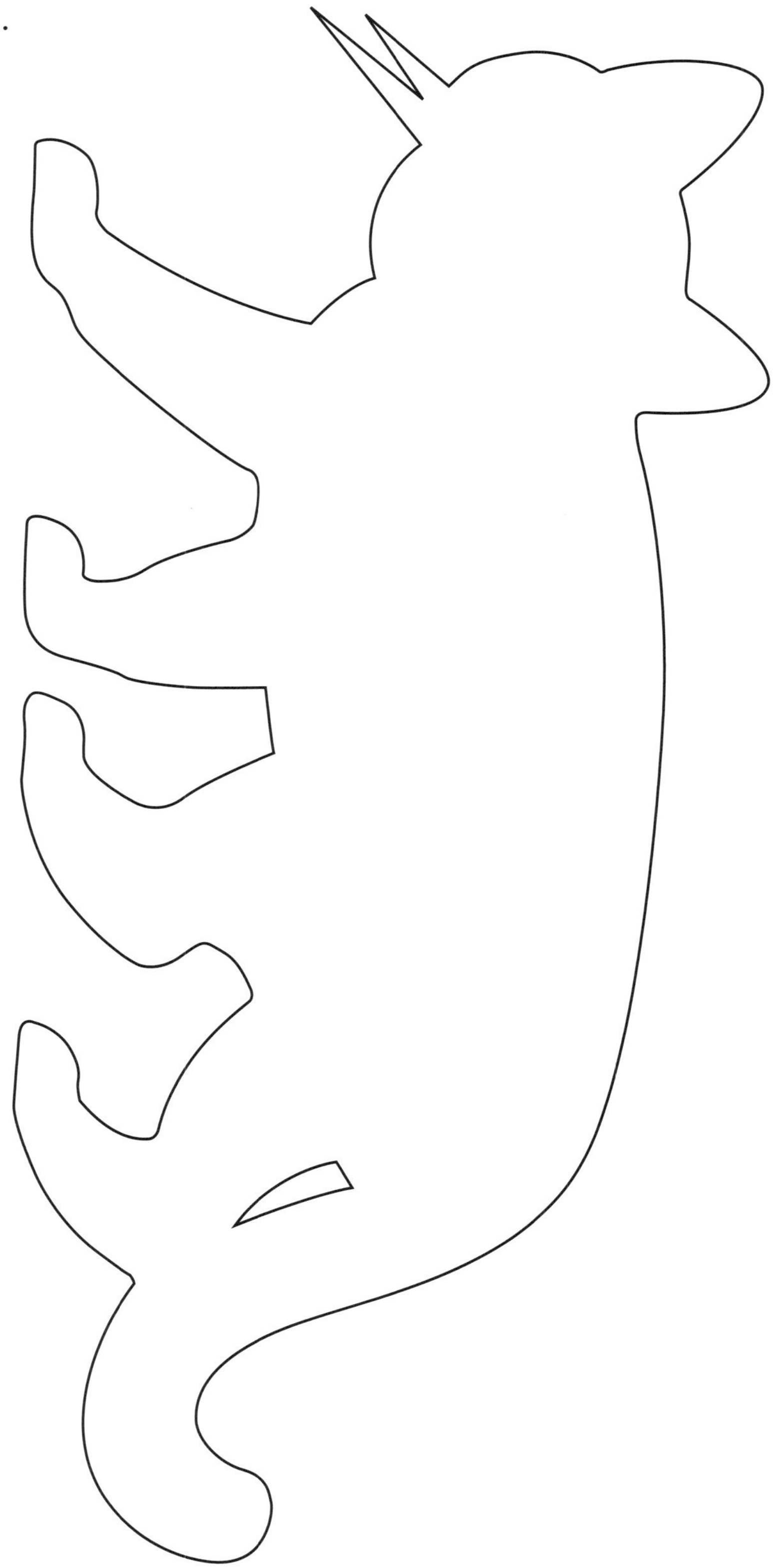

Gespenstersilhouette

Mit dieser Vorlage können Sie die Leuchte auf Seite 78 anfertigen.

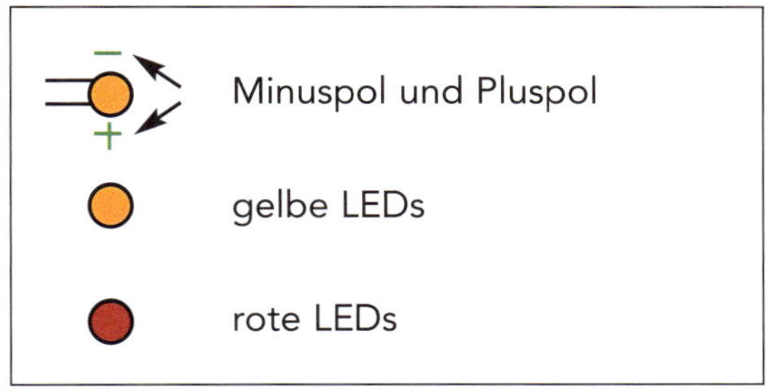

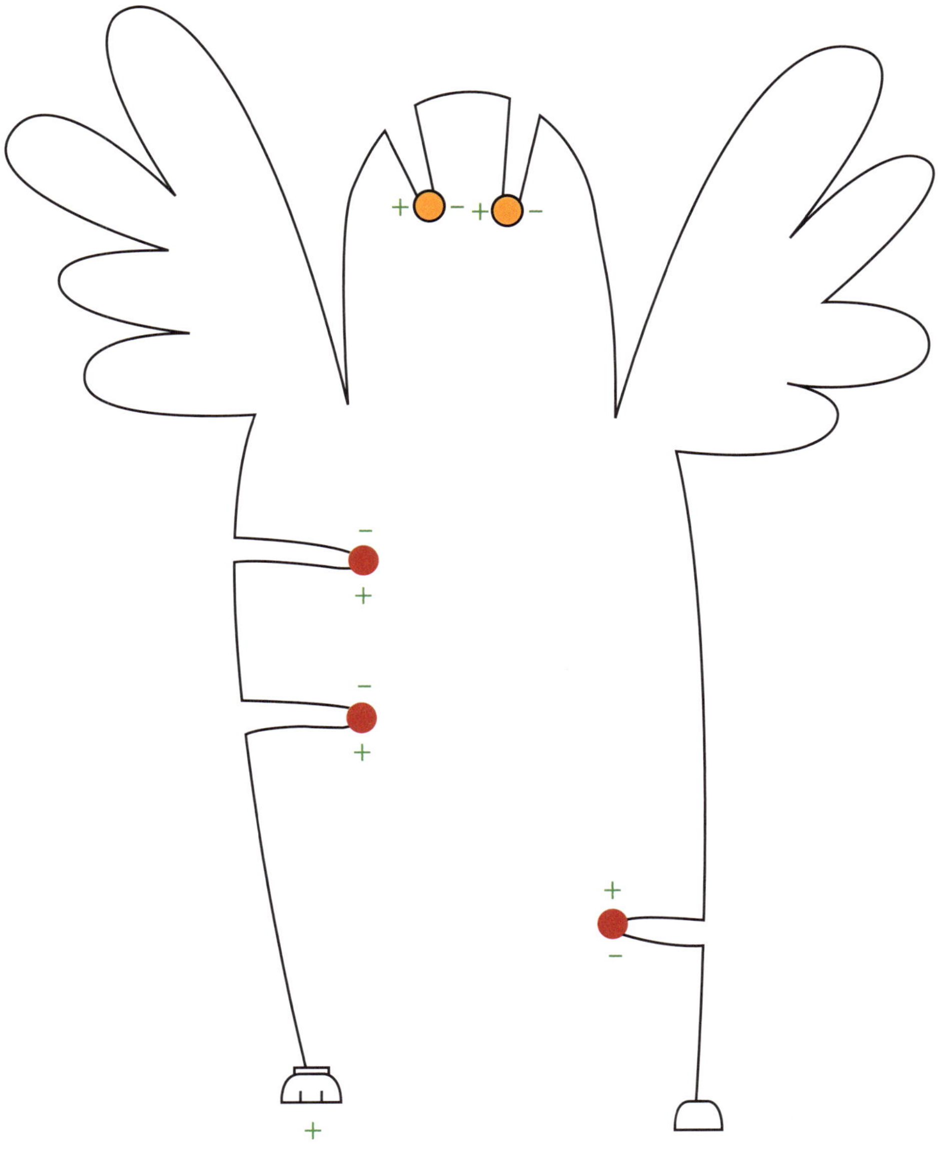

Faltung für die Papierwürfelgirlande auf Seite 70

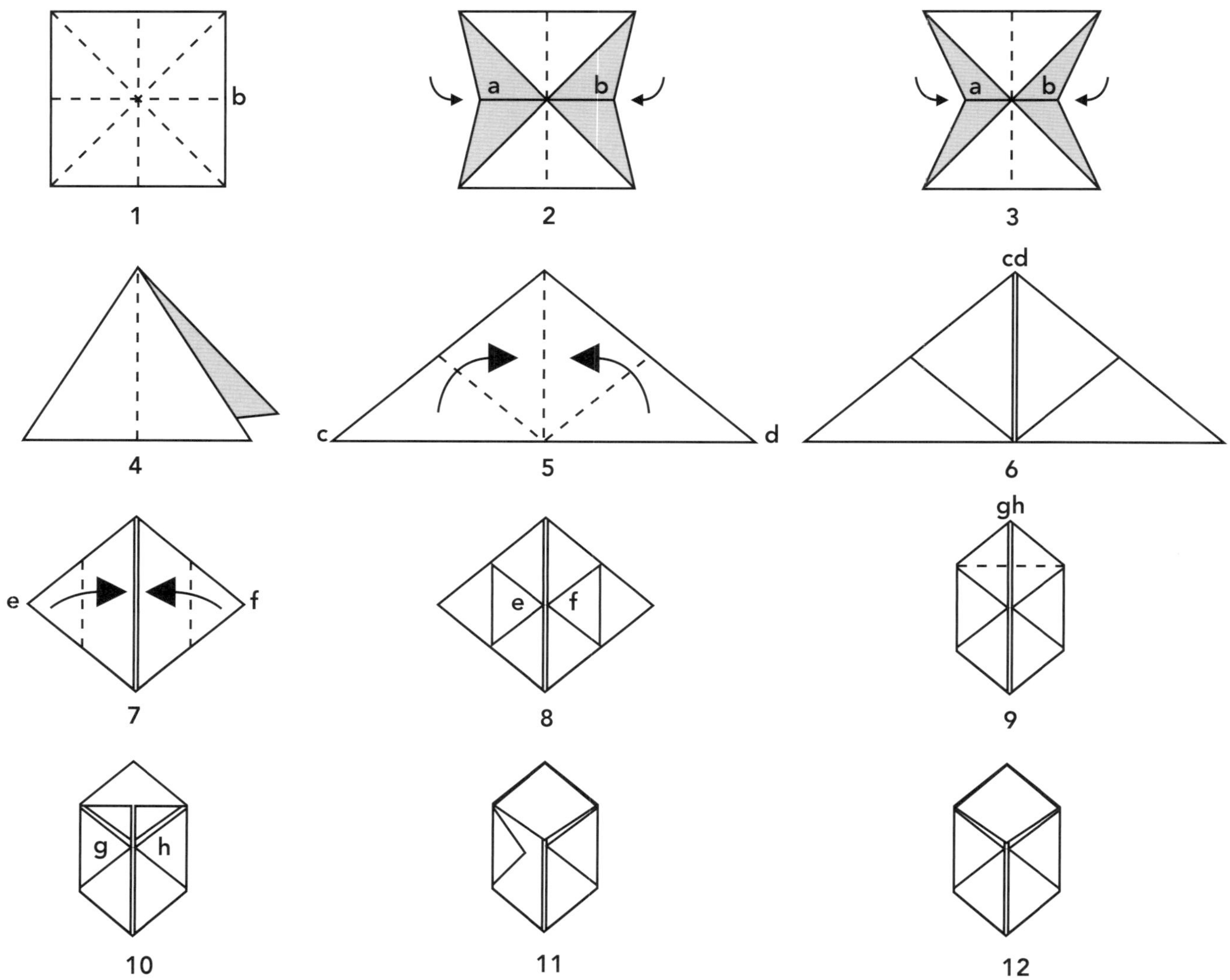

1
Falten Sie ein quadratisches Papier mit 15 × 15 cm Seitenlänge über die beiden Diagonalen und die beiden Senkrechten.

2 und 3
Schieben Sie die Spitzen **a** und **b** so nach innen, dass ein Dreieck entsteht (die weiße Papierseite liegt innen).

4 und 5
Falten Sie die Spitzen **c** und **d** zur oberen Spitze.

6
Falten Sie die beiden hinteren Spitzen ebenso nach oben.

7 und 8
Falten Sie die Spitzen **e** und **f** gemäß den gepunkteten Linien. Falten Sie die beiden hinteren Spitzen ebenso.

9
Klappen Sie die beiden Spitzen **g** und **h** gemäß der gepunkteten Linie nach unten.

10
Stecken Sie die Spitzen **g** und **h** in die beiden Taschen links und rechts. Dabei den Kniff sehr glatt streichen. Wiederholen Sie den Vorgang auf der Rückseite.

11 und 12
Pusten Sie in das Loch am Würfelboden, um den Würfel zu entfalten. Fertig ist der Würfel.

Faltung für die Liliengirlande auf Seite 130

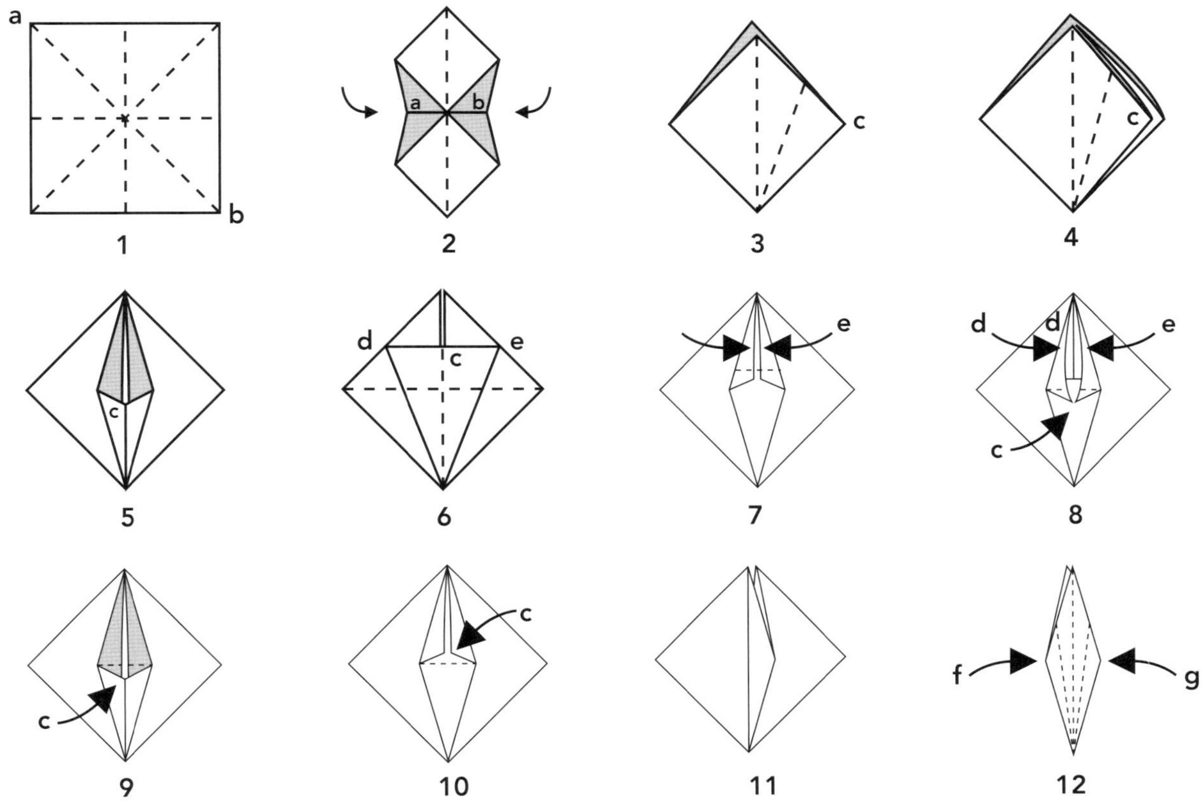

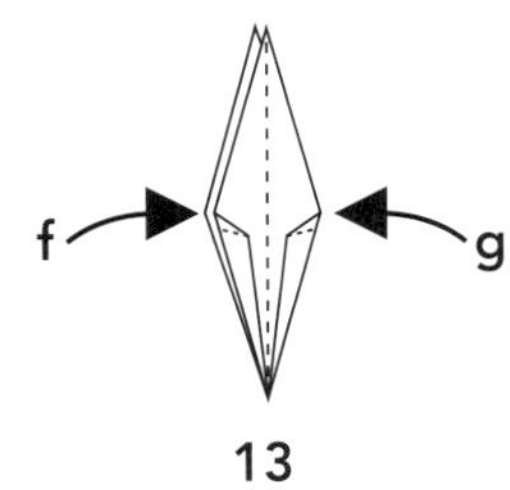

1
Falten Sie ein quadratisches Stück Papier mit 20 × 20 cm Seitenlänge über die beiden Diagonalen und die beiden Senkrechten.

2
Schieben Sie die Spitzen **a** und **b** so nach innen, dass ein Quadrat entsteht.

3
Falten Sie gemäß den gepunkteten Linien.

4 und 5
Richten Sie den so entstandenen Flügel, also eines der vier künftigen Blütenblätter, wieder auf und klappen Sie ihn zu einer Spitztüte auf.

6 und 7
Klappen Sie die Spitzen **d** und **e** zur Mitte.

8
Klappen Sie das Blütenblatt auf, indem Sie die Spitze **c** nach vorne ziehen.

9 und 10
Drücken Sie den Flügel mitsamt der herausgezogenen Spitze flach und klappen Sie die Spitze **c** nach oben.

11
Wiederholen Sie die Schritte **3 bis 10** an den anderen drei Flügeln.

12 und 13
Falten Sie die Spitzen **f** und **g** jedes Flügels zur Mitte. Streichen Sie den Kniff kräftig glatt, damit er deutlich sichtbar ist.

Bezugsquellen

Deutschland

Heyda
Heydastraße 10
58093 Hagen
www.heyda.de

KnorrPrandell GmbH
Michael-Och-Straße 5
96215 Lichtenfels
www.knorrprandell.com

modulor
material total
Gneisenaustraße 43–45
10961 Berlin
www.modulor.de

Rayher Hobbykunst
Postfach 14 62
88464 Laupheim
www.rayher-hobby.de

Schweiz

Abalone Bastelcenter AG
Güterstraße 9
8957 Spreitenbach
www.abalone.ch

Opitec SA/AG
Route H. Pestalozzi 1
1707 Fribourg
www.opitec.ch

Außerdem:

Angèle Riguidel
Leuchtenkreationen
www.angele-riguidel.com

Rié Yagura
Leuchtenkreationen
www.mademoiselle-y.com

Ruedi Steiner
Metall und Licht
www.metall-licht.ch

Dank

Ein großes Dankeschön an ...
Daniel für seine wertvollen Ratschläge in Sachen Elektrotechnik, Dominique und François für die gute Zeit in ihrem schönen Heim, Victor für seine Hilfestellung, Jean-Jo und Cathy für die Zeit in Montolieu, Françoise für ihren Lüsterbehang, Gérard und seine Kollegen im Souterrain von BHV für ihre freundliche Hilfe, Joceline, Odile Bailloeul und Laurent Baudonnet für ihre Modelle, Serge und Mireille für ihre Gastfreundschaft, Sophie und Régis für ihre Geduld, Rose-Marie und Hélène für ihre Unterstützung, Lélia und Olivia für ihre schönen Hände, Camille für ihre verlässliche Anwesenheit, Margot, Marcel und Eugène für ihre gute Laune und alle, die zur Entstehung dieses Buches in welcher Form auch immer beigetragen haben.

Anmerkung des Verlages
Das Arbeiten mit elektrischen Geräten ist mit Risiken verbunden. Lesen Sie die Anleitungen und Tipps sorgfältig durch und befolgen Sie alle Sicherheitsvorschriften.
Wir gehen davon aus, dass alle in diesem Buch beschriebenen Angaben und Empfehlungen richtig sind, trotzdem können weder die Autorinnen noch der Verlag irgendwelche Haftung für Schäden übernehmen.

Die französische Originalausgabe erschien 2004 unter dem Titel *Décolumière* bei Marabout (Hachette-Livre), F-Paris.

Aus dem Französischen übersetzt von Waltraud Kuhlmann, D-Bad Münstereifel
Redaktion der deutschen Ausgabe: 360°, D-Berlin
Umschlaggestaltung: René Tschirren, CH-Bern
Satz der deutschen Ausgabe: sos-buch, D-Mainz

Bibliografische Information der Deutschen Nationalbibliothek:
Die Deutsche Nationalbibliothek verzeichnet diese Publikation in der Deutschen Nationalbibliografie; detaillierte bibliografische Daten sind im Internet über http://dnb.d-nb.de abrufbar.
ISBN: 978-3-258-07199-2